Bücherwurm 3
Sprachbuch

Erarbeitet von
Dörte Fandrey, Brandenburg · Anja Feuerstein, Thüringen
Franziska Frohs, Sachsen · Carola Karasz, Sachsen-Anhalt
Kathrin Wiegelmann, Sachsen-Anhalt

Unter Beratung von
Beate Eckert-Kalthoff, Bayern · Ute Kühn, Berlin
Regina Hensel, Thüringen · Christiane Langer, Sachsen
Marlies Wiesel, Sachsen

Ernst Klett Verlag
Stuttgart · Leipzig

So lernst du mit dem Bücherwurm Sprachbuch

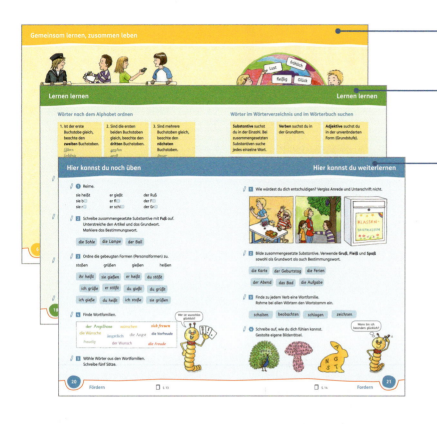

Kapiteleinstieg
Hier beginnt ein neues Kapitel.

Lernen lernen-Seiten
Hier bekommst du Hinweise, um besser zu lernen.

Fördern-Fordern-Seiten
Hier kannst noch mehr üben oder schon weiterlernen.

Piktogramme im Bücherwurm Sprachbuch

- ✏ Schreibe.
- 👥 Arbeite mit deinem Partner.
- 👥👥 Arbeite in einer Gruppe.
- 📖 Schlage im Wörterverzeichnis oder in einem Wörterbuch nach.
- → Arbeite zuerst auf der Lernen lernen-Seite.
- → Im ABC des Wissens kannst du wichtige Merksätze nachlesen.
- 📄 Hier kannst du in deinem Arbeitsheft weiterarbeiten.

Die Aufgaben orientieren sich an den drei Anforderungsbereichen der Bildungsstandards.

- ● Anforderungsbereich 1: Wiedergeben
- ■ Anforderungsbereich 2: Zusammenhänge herstellen
- ⬢ Anforderungsbereich 3: Reflektieren und beurteilen

Inhalt

Gemeinsam lernen, zusammen leben 6–21

Kapiteleinstieg 6/7
Erzählen 8
Nach dem Alphabet ordnen 9
Substantive 10
Satzarten 11
Zusammengesetzte Substantive 12
Meinungen äußern und begründen 13
Substantive für Gedanken und Gefühle 14
Wörter mit ß 15
Wörter mit sch und ch 16
Sich entschuldigen 17

Lernen lernen 18/19

Strategien und Methoden:
Wörter nach dem Alphabet ordnen 18
Wörter im Wörterverzeichnis/Wörterbuch suchen 19

Hier kannst du noch üben 20
Hier kannst du weiterlernen 21
Fördern 20
Fordern 21

Gesund und munter 22–37

Kapiteleinstieg 22/23
Personalpronomen 24
Verben 25
Wörter mit mm und nn 26
Wörter mit ff und ll 27
Wörter mit ck 28
Verben mit ver- und vor- 29
Wortfamilien 30
Zusammengesetzte Substantive
aus Verb und Substantiv 31
Adjektive 32
Satzglieder 33
Vorgänge beschreiben 34

Lernen lernen 35

Strategien und Methoden:
Berichtigen 35

Hier kannst du noch üben 36
Hier kannst du weiterlernen 37
Fördern 36
Fordern 37

Du und ich und wir 38–51

Kapiteleinstieg 38/39
Verben im Präsens und Präteritum 40
Texte im Präsens und Präteritum 41
Erlebnisse erzählen und schreiben 42
Einleitung, Hauptteil und Schluss
einer Geschichte schreiben 43
Wörter mit Sp/sp und St/st 44
Kommasetzung bei Aufzählungen 45
Berufsnamen 46
Gegenstände beschreiben 47

Lernen lernen 48/49

Strategien und Methoden:
Texte planen und schreiben 48/49

Hier kannst du noch üben 50
Hier kannst du weiterlernen 51
Fördern 50
Fordern 51

Inhalt

Traumhaft und fantasievoll ... 52–65

Kapiteleinstieg ... 52/53
Adjektive steigern ... 54
Mit Adjektiven vergleichen ... 55
Zusammengesetzte Adjektive ... 56
Wörtliche Rede ... 57
Texte weiterschreiben ... 58
Texte in der richtigen Reihenfolge schreiben ... 59
Wörter mit pp, rr und tt ... 60
Personen beschreiben ... 61
Lernen lernen ... 62/63
Strategien und Methoden:
Schreibkonferenz ... 62
Texte überarbeiten ... 63
Hier kannst du noch üben ... 64
Fördern ... 64
Hier kannst du weiterlernen ... 65
Fordern ... 65

Auf den Spuren der Natur ... 66–81

Kapiteleinstieg ... 66/67
Zahlwörter ... 68
Wörter mit aa, ee, oo ... 69
Adjektive mit -ig und -lich ... 70
Adjektive verwenden ... 71
Satzglieder umstellen ... 72
Verbformen – Zeitformen ... 73
Wörter mit ä und äu ... 74
Informationen aus Sachtexten entnehmen ... 75
Wörter mit h am Silbenanfang ... 76
Wörter mit Dehnungs-h ... 77
Lernen lernen ... 78/79
Strategien und Methoden:
Stichpunkte anfertigen ... 78
Einen Vortrag halten ... 79
Hier kannst du noch üben ... 80
Fördern ... 80
Hier kannst du weiterlernen ... 81
Fordern ... 81

Hier und anderswo ... 82–95

Kapiteleinstieg ... 82/83
Wege beschreiben ... 84
Wörter mit ss ... 85
Fremdwörter ... 86
Ein Rezept schreiben ... 87
Subjekt ... 88
Prädikat ... 89
Satzkern ... 90
Wörter mit ih und ie ... 91
Geheimschriften und verschlüsselte Botschaften ... 92
Lernen lernen ... 93
Strategien und Methoden:
Diktatformen ... 93
Hier kannst du noch üben ... 94
Fördern ... 94
Hier kannst du weiterlernen ... 95
Fordern ... 95

Inhalt

Unsere Erde, unser Zuhause — 96–111

Kapiteleinstieg	96/97
Diskutieren und Meinungen begründen	98
Einen Erlebnisbericht schreiben	99
Wörter mit tz	100
Wörter zusammensetzen	101
Verben mit b oder g im Wortinneren	102
Wörter mit b, d oder g am Wortende	103
Subjekt und Prädikat	104
Zweiteilige Prädikate	105
Anredepronomen	106
Eine Reizwortgeschichte schreiben	107
Sich informieren	108

Lernen lernen ... 109

Strategien und Methoden:
Ein Plakat gestalten ... 109

Hier kannst du noch üben ... 110
Fördern ... 110

Hier kannst du weiterlernen ... 111
Fordern ... 111

Bücherwurm und Computermaus — 112–125

Kapiteleinstieg	112/113
Informationen aus einem Interview entnehmen	114
Informationen aus Bildern entnehmen	115
Wörter mit Pf/pf	116
Einen Buchtipp schreiben	117
Wörter mit lk, nk, rk und lz, nz, rz	118
Ein Pro- und Kontra-Gespräch führen	119
Ein Hörspiel planen und gestalten	120/121
Oberbegriffe	122

Lernen lernen ... 123

Strategien und Methoden:
Texte am Computer bearbeiten und gestalten ... 123

Hier kannst du noch üben ... 124
Fördern ... 124

Hier kannst du weiterlernen ... 125
Fordern ... 125

Durch das Jahr — 126–135

Kapiteleinstieg	126/127
Herbst	128
Nikolaus	129
Weihnachten	130/131
Winter	132
Frühling	133
April	134
Sommer	135

Abc des Wissens ... 136–143

Wörterverzeichnis ... 144–151

Gemeinsam lernen, zusammen leben

Wir spielen in der Hofpause Fußball.

Wir üben täglich Schönschrift.

Wir können eine E-Mail schreiben.

Wir lernen mit einem Wochenplan.

Wir Mädchen lernen in einer Mädchenschule.

Wir arbeiten oft im Stuhlkreis.

Wir gehen sechs Wochentage, von Montag bis Samstag, in die Volksschule.

Das wünschen wir uns in Klasse 3:
- Wanderung durch den Herbstwald
- Dschungelfest
- Brotgesichter zubereiten
- Sportfest
- Museumsbesuch
- gemeinsam ein Buch lesen
- Lesewettbewerb mit einer anderen Klasse 3
- ein Hörspiel gestalten

Gemeinsam lernen, zusammen leben

Erzählen

Vor einhundert Jahren lernten alle Kinder des Dorfes gemeinsam in einer Klasse. Die Älteren bearbeiteten ihre Aufgaben schriftlich. Mit den Jüngeren übte der Lehrer andere Aufgaben.

Hör gut zu, wenn andere erzählen.

1 Woran erkennst du, dass Lilli in einem Klassenraum aus vergangener Zeit sitzt? Erzähle.

2 Lilli hat im Schulmuseum Stichpunkte aufgeschrieben. Sie erzählt über ihr Ferienerlebnis. Erzählt weiter.

*Wir waren im Urlaub in einem alten Schulmuseum auf der Insel Rügen. Dort erfuhren wir viel über den Unterricht vor 100 Jahren.
Die Kinder schrieben damals auf …*

3 Wähle ein Wort, das dich an deine Ferien erinnert. Lege eine Wörtersammlung an.

4 Schreibe mit deiner Wörtersammlung einen Ferientext.

Schulmuseum
– vor 100 Jahren
– schreiben auf Schiefertafel
– alte, andere Schrift
– Schönschrift üben
– Lehrer streng
– mit Stundenglocke aufstehen
– Tintenfass
– pünktlich sein
– viele Regeln
– in der Ecke stehen
– Rohrstock

Gemeinsam lernen, zusammen leben

Nach dem Alphabet ordnen

a b c ch ck d e f g h i j k l m n o p
qu r s¹ s² ß sch t u v w x y z tz ä ö ü
A B C D E F G H I J K L M N O P Qu
R S St T U V W X Y Z Ä Ö Ü

s¹ = „langes s"
s² = „Schluss-s"

1 Warum kannst du dieses Alphabet nicht gleich lesen?
Vergleiche mit der Schrift von heute.

2 Entschlüssle die Wörter in der Sütterlin-Schrift.
Schreibe sie nach dem Alphabet geordnet mit Artikel auf.

Das weißt du schon:
Die Wörter im Wörterverzeichnis oder in einem Wörterbuch
sind nach dem Alphabet geordnet.
Wenn Wörter mit demselben Buchstaben beginnen,
musst du auf den zweiten Buchstaben achten.
Danach achtest du auf den dritten Buchstaben.

die Ferien
das Erlebnis
der Monat
der Geburtstag
der Ort
die Eltern
die Erlaubnis
die Karte

3 Ordne die Wörter der Wortleiste nach dem Alphabet.

4 Sammelt Schulwörter.
Ordnet diese Wörter nach dem Alphabet.

→ S. 139

Gemeinsam lernen, zusammen leben

Substantive

1 Spielt „Koffer packen".
Welche Tiere, Pflanzen, Dinge packt ihr ein?

2 Schreibe mit dem bestimmten und unbestimmten Artikel auf,
was du in einen Koffer packen kannst.
Schreibe so: *der Schuh – ein …, …*

3 Suche die Substantive heraus.
Ordne sie nach Menschen, Tieren, Pflanzen und Dingen.

SCHLAFEN FENSTER KIRSCHE SCHLÜSSEL SCHREIBEN

KERZE BRIEF BROT HÖHLE ENG VASE RAUM

DUNKEL ELEFANT KIND TAFEL APFEL FRAU

FÜLLER SCHWAN STARK GURKE OPA FISCH

> **Das weißt du schon:**
> Alle Menschen, Tiere, Pflanzen und Dinge haben einen Namen.
> Diese Wörter nennen wir **Substantive**. Substantive schreiben wir immer groß.
> Wir verwenden sie in der Einzahl und in der Mehrzahl.
> Substantive haben einen bestimmten oder unbestimmten Artikel.

4 Ergänze zu jedem Substantiv von Aufgabe 3 die Mehrzahl.

5 Schreibe mit den Tieren von Aufgabe 3 Sätze.

→ S. 137

Gemeinsam lernen, zusammen leben

Satzarten

- Kennst du Schulwitze☐
- Kommst du heute Nachmittag mit zur Skaterbahn☐
- Hol mich ab und klingle dreimal☐
- Ich habe eine ganze Sammlung in einem Buch gefunden☐

Beachte das passende Satzschlusszeichen.

1 Welche Sätze gehören zusammen? Begründe. Schreibe sie auf. Verwende das passende Satzschlusszeichen.

2 Bilde verschiedene Sätze. Verwende unterschiedliche Satzarten mit den passenden Satzschlusszeichen.

| MEIN | SEHR | FREUND | BESTER | MIR | ÄHNLICH | IST |

| SIND | IMMER | BEIDE | UND | FREUNDLICH | FRÖHLICH | WIR |

| KOMM | ZU | PÜNKTLICH | VERABREDUNG | UNSERER |

3 Schreibe ab. Setze die richtigen Satzschlusszeichen.

Oh, vierzehn Fehler auf einer Seite☐ Wie ist das möglich☐

Das liegt daran, weil Sie wie verrückt danach suchen☐

Ist dein Papa schon mit deinen Hausaufgaben fertig☐

Gut, dann schreibe ich sie später ab☐

4 Sammelt Schulwitze.

Gemeinsam lernen, zusammen leben

Zusammengesetzte Substantive

Die Woche, in der wir das Projekt haben, ist die …

Die Regel, die für das Gespräch gilt, ist die …

Das Heft, das ich für die Schule brauche, ist das …

1 Bilde zusammengesetzte Substantive. Was fällt dir auf?
Schreibe so: *die Woche, das Projekt – die …*

2 Welche Tage gibt es? Bilde zusammengesetzte Substantive mit **Tag**. Was stellst du fest? Schreibe so: *der Projekttag*

| das Projekt | die Ferien | die Sonne |
| der Garten | die Ernte | der Regen | das Kino |

Zusammengesetzte Substantive setzen sich aus einem **Bestimmungswort** und einem **Grundwort** zusammen:

das Projekt, der Tag – der Projekttag

Der **Artikel** richtet sich immer nach dem **Grundwort**.

Du brauchst das **e** von Schul**e** nicht. Schreibe nur **Schulheft**.

3 Schreibe zusammengesetzte Substantive mit **Schule** auf. Unterstreiche den Artikel und das Grundwort.

| Heft | Mappe | Fest | Stunde | Besuch |
| Schlüssel | Stadt | Dorf | Telefon | Haus |

4 Sammle zusammengesetzte Substantive mit **Klasse**.
Klasse soll sowohl Bestimmungswort als auch Grundwort sein.

→ S. 138   S. 8

Gemeinsam lernen, zusammen leben

Meinungen äußern und begründen

Was ich mir zaubern würde,
wenn's mit dem Zaubern ginge?
Genügend Brot allen Kindern,
dass alle Krankheiten heilbar sind,
dass alle Schmerzen teilbar sind.
Ich zauberte mir 'ne weiße Maus,
ein Schloss
oder doch ein kleines Haus,
eine Reise um die Welt
und einen Mini-Haufen Geld.

Und: Eltern, die sich nicht trennen.
Und: Alle Sterne zu kennen.
Wenn's irgend geht, zwei Pferde.
Und Frieden überall auf der Erde.
Wenn's doch zu zaubern ginge,
dass uns dies alles gelinge.
Das sind schwierige Sachen.

Ich muss jetzt Schularbeiten –
nicht zaubern, sondern machen.

Fred Rodrian

1 Lies das Gedicht und trage es ausdrucksvoll vor.

2 Was würde der Dichter Fred Rodrian gern zaubern? Sprecht darüber.

3 Was möchte der Dichter durch seine Zauberei bewirken?

4 Überlege, was du gern zaubern würdest? Warum? Schreibe Sätze auf.

5 Ergänze die Sätze über dich. Sprecht über eure Sätze.

- Ich habe den Mut NEIN zu sagen, wenn ▢
- Ich denke oft über ▢ nach, weil ▢
- Mir kann man an der Nasenspitze ablesen, dass ich ▢

Gemeinsam lernen, zusammen leben

Substantive für Gedanken und Gefühle

1 Welche Redensarten passen zu den Bildern? Ordne zu.

vor Glück strahlen   vor Wut kochen

vor Angst zittern   vor Schmerz weinen

 2 In welchen Situationen hattet ihr schon einmal Angst? Wann habt ihr euch als Glückspilze gefühlt? Sprecht darüber.

> Vor Wörtern, die Gedanken oder Gefühle bezeichnen, kannst du einen Artikel setzen.
> Auch diese Wörter sind Substantive:
> *der Wunsch – ein Wunsch, die Freude – eine Freude, das Glück – ein Glück.*

3 Schreibe die Substantive mit Artikel wie im Merksatz auf.

Wunsch   Sorge   Idee   Angst   Traum   Zorn   Liebe   Spaß

4 Schreibe Sätze über dich.
Schreibe so: *Wenn ..., dann strahle ich vor Glück.*
Ich koche vor Wut, wenn ... .

Gemeinsam lernen, zusammen leben

Wörter mit ß

Witze erzählen macht mir Spaß.

Ich spiele gern draußen Fußball.

Ich grüße morgens meine Lehrerin.

Wörter mit **ß** musst du dir gut merken.

1 Welcher Satz trifft auf dich zu? Schreibe ab und male dazu.

2 Ordne die Wortfamilien. Rahme den Wortstamm ein.

der Gruß   der Spaß   grüßen   ich grüße

der Kartengruß   der Spaßvogel   spaßig   das Späßchen

3 Ordne die Wörter der Wortleiste.
Arbeite so: *Zwielaut im Wortstamm: beißen, …*
Selbstlaut im Wortstamm: stoßen, …

> Wenn du nach einem lang gesprochenen Selbstlaut, Umlaut oder Zwielaut einen s-Laut hörst, steht meist **ß**:
> *der Spaß, grüßen, der Fleiß.*

4 Ordne die Wörter der Wortleiste nach dem Alphabet. Unterstreiche Selbstlaut, Umlaut oder Zwielaut und markiere **ß**. → S. 18

5 Setze Verben aus der Wortleiste passend ein.

Ein braver Hund ⬡ nicht. Eine kleine Katze ⬡ Kätzchen.
Ein Fenster kann ich ⬡.
Flüsse ⬡ und Blumen muss ich ⬡.

der Spaß
beißen
stoßen
gießen
heißen
draußen
der Gruß
schließen
fließen
grüßen
der Fleiß

→ S. 138   S. 10

15

Gemeinsam lernen, zusammen leben

Wörter mit sch und ch

Wir denken über den Mond nach

der Mond wacht   manchmal ist er eine richtig große Scheibe
in manchen Nächten ist er ganz dunkel
die Menschen beobachten den Mond

Warum ist der Mond so blass? Lilli

Beobachtet er die Menschen? Leon

Warum schläft der Mond
in vielen Nächten nicht? Lukas

Was bedeutet, er schaltet
und waltet nachts am Himmel? Nele

1 Denkt über die Fragen der Kinder nach. Sucht Antworten.

2 Schreibe alle Wörter mit **sch** und **ch** geordnet von der Tafel ab.
Ergänze mit Wörtern der Wortleiste.

3 Bilde zusammengesetzte Substantive.
Unterstreiche den Artikel und das Grundwort.

die Maschine   der Schalter   der Strumpf

das Land   das Öl   das Loch   das Licht   der Mond

der Bericht   der Unterricht   die Stunde   die Zeitung

zeichnen
berichten
beobachten
das Loch
manche
manchmal
leicht
schalten
schlafen
deutsch
die Maschine
der Schalter
der Mensch

4 Ergänze die Sätze mit Wörtern der Wortleiste.
Beantworte die Frage.

Emma ⬚ Figuren für ein Schattenspiel.
Das ist gar nicht so ⬚.
Abends ⬚ der Sandmann die Kinder durch ein Fernglas.
Peter und Anneliese ⬚ nicht.
Warum fliegen sie mit dem kleinen Maikäfer auf den Mond?

16   S. 11

Gemeinsam lernen, zusammen leben

Sich entschuldigen

 1 Was ist passiert? Wer muss sich bei wem entschuldigen?
Spielt die Situation nach und findet eine Lösung.

2 Vergleicht und begründet.
Sind das Entschuldigungen? Was ist eine Ausrede?

> Ist doch nichts passiert, oder?

> Bitte entschuldigt, dass ich euch beinahe angefahren habe. Morgen werde ich am Tor bremsen.

> Hat doch keine Lehrerin gesehen.

> Ich habe so ein tolles Rad, mit dem muss ich so bremsen.

3 Max entschuldigt sich bei Paula mit einem Brief.
Was könnte er schreiben?

- Anrede
- Zeigen, wie es besser geht.

> Liebe ...,
> Es tut mir leid, dass ...
> Bitte glaube mir, ich wollte ...
> Morgen werde ich ...
> Liebe Grüße
> von ...

- Grund der Entschuldigung
- Zeigen, dass es einem leid tut.
- Gruß Unterschrift

S. 12

Lernen lernen

Wörter nach dem Alphabet ordnen

1. Ist der erste Buchstabe gleich, beachte den **zweiten** Buchstaben.
   Eltern
   Erlebnis
   essen

2. Sind die ersten beiden Buchstaben gleich, beachte den **dritten** Buchstaben.
   graben
   groß
   Gruß

3. Sind mehrere Buchstaben gleich, beachte den **nächsten** Buchstaben.
   besser
   Besuch
   besuchen

1 In welcher Reihenfolge stehen die Wörter im Wörterverzeichnis? Ordne sie.

Erlaubnis   Fleiß   Bericht   Gruß   draußen   fließen
gießen   leuchten   hoch   leicht   manchmal   Erlebnis

2 Finde die Wörter im Wörterverzeichnis. Ordne sie nach dem Alphabet.
Arbeite so: *die Brille – Seite ▨, Spalte ▨*

3 Ordne die Wörter nach dem Alphabet.

Berichtigung   berichtigen   leicht   beobachten   falsch
richtig   schwer   Bericht   zeichnen   schlecht

4 Schreibe Ich-Sätze mit den Verben von Aufgabe 3.

Strategien und Methoden → S. 139

Lernen lernen

Wörter im Wörterverzeichnis und im Wörterbuch suchen

Substantive suchst du in der Einzahl. Bei zusammengesetzten Substantiven suchst du jedes einzelne Wort.	**Verben** suchst du in der Grundform.	**Adjektive** suchst du in der unveränderten Form (Grundstufe).
der **Gruß**, die Grüße der Ferienspaß die **Ferien** der **Spaß**	**grüßen**, grüßt, grüßte, gegrüßt	**hoch**, höher, am höchsten

Die fett gedruckten Wörter heißen Stichwörter.

1 Suche die Stichwörter. Schreibe sie mit der Seite und der Spalte auf.

der Ferienspaß   die Ängste   grüßt   am fleißigsten

2 Wie geht das Spiel? Probiert es aus.

3 Schreibe eine Spielanleitung zum Wörterbuch-Suchspiel.

→ S. 139   **Strategien und Methoden**

Hier kannst du noch üben

1 Reime.

sie heißt	er gießt	der Ruß
sie b⬚	er fl⬚	der F⬚
sie r⬚	er schl⬚	der Gr⬚

2 Schreibe zusammengesetzte Substantive mit **Fuß** auf.
Unterstreiche den Artikel und das Grundwort.
Markiere das Bestimmungswort.

die Sohle   die Lampe   der Ball

3 Ordne die gebeugten Formen (Personalformen) zu.

stoßen   grüßen   gießen   heißen

ihr heißt   sie gießen   er heißt   du stößt

ich grüße   er stößt   du gießt   du grüßt

ich gieße   du heißt   ich stoße   sie grüßen

4 Finde Wortfamilien.

der Angsthase   wünschen   sich freuen
die Wünsche   ängstlich   die Angst   die Vorfreude
freudig   der Wunsch   die Freude

Wer ist wunschlos glücklich?

5 Wähle Wörter aus den Wortfamilien.
Schreibe fünf Sätze.

Fördern   S. 13

Hier kannst du weiterlernen

1. Wie würdest du dich entschuldigen? Vergiss Anrede und Unterschrift nicht.

2. Bilde zusammengesetzte Substantive. Verwende **Gruß**, **Fleiß** und **Spaß** sowohl als Grundwort als auch Bestimmungswort.

   die Karte   der Geburtstag   die Ferien

   der Abend   das Bad   die Aufgabe

3. Finde zu jedem Verb eine Wortfamilie.
   Rahme bei allen Wörtern den Wortstamm ein.

   schalten   beobachten   schlagen   zeichnen

4. Schreibe auf, wie du dich fühlen kannst.
   Gestalte eigene Bilderrätsel.

   Wann bin ich besonders glücklich?

S. 14　　Fordern

Gesund und munter

fünfter sein

tür auf
einer raus
einer rein
vierter sein

tür auf
einer raus
einer rein
dritter sein

tür auf
einer raus
einer rein
zweiter sein

tür auf
einer raus
einer rein
nächster sein

tür auf
einer raus
selber rein
tagherrdoktor

    Ernst Jandl

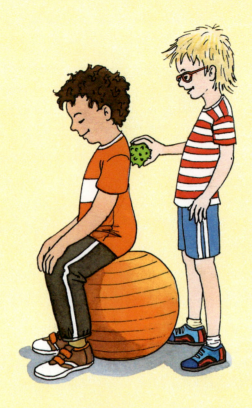

Gesundheitsrezept

– täglich an der frischen Luft bewegen
– jeden Tag Obst und Gemüse essen
– morgens, abends und nach Süßigkeiten die Zähne putzen
– dem Wetter entsprechend kleiden
– zweimal am Tag den Körper pflegen

    Dr. Kindermann

Wie fühlt sich der Fünfte im Gedicht von Ernst Jandl?

Wobei kannst du dich gut entspannen? Tauscht euch untereinander aus.

Ist ein Rezept vom Arzt für ein gesundes Leben wirklich nötig? Sprecht darüber.

Mit welchen Sportarten halten sich die Kinder auf den Fotos fit? Wie geht es ihnen dabei? Für welche Sportarten interessiert ihr euch?

Gesund und munter

Personalpronomen

Der Hund hilft Leon, Türen und Schubladen zu öffnen.

Fadime liest gern Rezepte aus aller Welt.

Ein Flugball wird aus einer Kastanie gebastelt.

1 Ersetze die unterstrichenen Substantive durch **sie** oder **er**.

> Du kannst Namen für Substantive (Menschen, Tiere, Pflanzen und Dinge) durch Personalpronomen ersetzen.
> Frieda – sie, das Pferd – es, die Bäume – sie, der Ball – er

ich
du
er/sie/es
wir
ihr
sie

2 Ergänze passende Personalpronomen.

Leon hat seit den Sommerferien einen Hund. _____ heißt Blitz.
Das Telefon klingelt. Blitz bringt _____ zu Leon. Nun kann Leon mit seiner Mutti telefonieren. _____ ist froh, dass Blitz bei ihm ist.
_____ sind schon richtige Freunde geworden.

3 Überarbeite den Text, indem du einige Substantive durch passende Personalpronomen ersetzt.

> Jan ist mein bester Freund. Jan liest gern Bücher über Experimente. Oft probiert Jan die Experimente selbst aus. Damit hat Jan uns schon häufig in der Schule überrascht. Einmal hat Jan mit einer Kartoffel, einem Geldstück und einem Nagel Strom erzeugt. Das war toll.

S. 136   S. 16

Gesund und munter

Verben

1 Ergänze die Sätze mit passenden Verben.

> treffen   fallen   rollen   spielen   sollen

Lilli und Nele ⬚ Minigolf. Nele ⬚ anfangen.
Beim ersten Versuch ⬚ ihr der Schläger aus der Hand.
Dann ⬚ der Ball kurz vor das Loch.
Beim dritten Mal ⬚ sie.

2 Schreibe zu den Verben die gebeugten Formen (Personalformen) auf.
Arbeite so: *ich …, du …, er …, wir …, ihr …, sie (alle) …*

> nennen   sammeln   schwimmen

Das weißt du schon:
Verben sind Wörter, die sagen, was Personen, Tiere, Pflanzen und Dinge tun. Sie verändern sich im Satz.
Verben haben eine Grundform: *treffen*
und eine gebeugte Form (Personalform): *sie trifft*

3 Suche aus dem Text die gebeugten Verbformen (Personalformen) heraus. Ersetze die Vornamen durch passende Personalpronomen. Schreibe die Grundform dazu.

Alle Kinder gehen gern in die Schwimmhalle.
Frieda kennt die Baderegeln genau. In der Schwimmhalle rennt Kim nicht. Tim schwimmt
mit Paula um die Wette.
Paula gewinnt.
Es gefällt allen.

treffen
gefallen
gewinnen
schwimmen
sammeln
kennen
nennen
kämmen
rennen
brummen
brennen

→ S. 137   S. 17

Gesund und munter

Wörter mit mm und nn

1 Hier stimmt etwas nicht. Schreibe die Sätze richtig.
Markiere **mm** und **nn**.

Der Kamm liegt in der Kanne.
Die Wolke schwebt im Wald.
Der Donner grummelt im Album.

Die Bildersammlung klebt in der Ferne.
Der Tee ist im Badezimmer.
Eine dünne Tanne wächst am Himmel.

2 Schreibe zu den Substantiven mit **mm** und **nn** die Mehrzahl auf.
Setze Silbenbögen. Wie wird der Selbstlaut vor mm oder nn gesprochen?
Markiere mit • oder —.

> Es gibt fünf Selbstlaute.
> Das sind a, e, i, o und u.

Das weißt du schon:
Auf einen kurz gesprochenen Selbstlaut folgen meist zwei
Mitlaute. Wenn du nur einen Mitlaut hörst, wird er verdoppelt.

Tanne

3 Finde die verwandten Verben. Rahme den Wortstamm ein.
Schreibe so: Donner – d...

Donner   Kamm   Sammlung   Gewinner   Kenntnis

4 Verändere die Bedeutung
der Wörter aus der Wortleiste,
indem du Selbstlaute
und Umlaute austauschst.
Beachte die Schreibung
der Wörter.

der Kamm
die Sammlung
der Himmel
schlimm
das Zimmer
zusammen
der Donner
dünn
die Tanne
die Kanne

Gesund und munter

Wörter mit ff und ll

1. Wie fühlen sich Emma und Frieda? Wann geht es dir so?

2. Schreibe die Wörter mit **ff** und **ll** in eine Tabelle.
   Arbeite so:

ff	ll
treffen	...

   Anton liegt ganz still auf einer Matte. Er entspannt sich.
   Emma und Frieda treffen sich gern. Sie spielen zusammen.
   An manchen Tagen schaffen es Jan und seine Mutti zu kuscheln. Jan gefällt das.
   Manchmal ist Kim gern allein und hört Geschichten. Das findet sie toll.

3. Ordne die Wörter nach Wortfamilien.
   Rahme den Wortstamm ein. Finde weitere Wörter der Wortfamilie.

   herstellen   öffnen   offen   stellen   gefallen   der Fall

4. Löse das Worträtsel. Denke dir selbst ein Worträtsel aus.
   Lass andere raten.

   > Das Wort ist ein Substantiv. Es endet auf l. In der Mitte hat es zwei f. Es wird mit einem Umlaut geschrieben.

5. Findet die Brückenwörter. Die Wörter der Wortleiste helfen euch.
   Baut eigene Brückenwörter.

   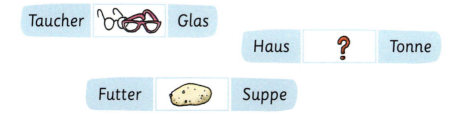

   schaffen
   der Löffel
   offen
   die Kartoffel
   alle
   die Brille
   herstellen
   der Müll
   der Teller
   voll
   allein
   still
   öffnen
   fallen

Gesund und munter

Wörter mit ck

Frau Fröhlich hat in der Klasse Stationen zu den Sinnen aufgebaut. An der ersten Station schmeckt Leon mit verbundenen Augen Zucker. An der nächsten Station ertastet Nele in einem Säckchen einen dicken Apfel. An der dritten Station liegen auf einer Decke verschiedene Dinge. Anton geht aus dem Raum. Frieda nimmt von der Decke das Schneckenhaus weg. Nun muss Anton raten, was fehlt. Paula und Emma riechen an getrockneten Kräutern. Max und Hung suchen den tickenden Wecker, den Frau Fröhlich im Raum versteckt hat. Sie müssen ihn finden, bevor er klingelt.

1. Schreibe alle Wörter mit **ck** aus dem Text ab und markiere **ck**.

2. Sprich die Wörter deutlich. Wie wird der Selbstlaut vor **ck** gesprochen? Markiere mit • oder –.

   Trenne nie ck.

3. Trenne die Verben der Wortleiste. Schreibe so: we-cken, …

4. Hier ist etwas durcheinandergeraten. Wie heißen die Wörter richtig?

   RADIODECKE   RÜCKENECKE   WOLLKUCHEN   WINTERBRÜCKE   ZUCKERJACKE   HAUSGYMNASTIK   ZUGWECKER

5. Wie heißen die Gegenteile? Bilde mit den Gegenteilen einen lustigen Satz.

   dünn – 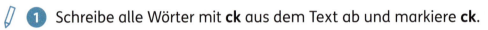   rund –
   nass – 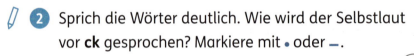   vor –

---

wecken
die Brücke
dick
drücken
die Ecke
packen
schmecken
trocken
zurück
die Jacke
lecken
der Rücken

Gesund und munter

Verben mit ver- und vor-

Mit den Händen sehen
Verbinde einem Kind die Augen und führe es an einen Ort im Klassenraum. Dort soll es den Ort gründlich mit den Händen ertasten. Wenn es fertig ist, führe es an seinen Platz zurück. Jetzt darf es die Augenbinde abnehmen. Dann soll es versuchen, den Ort zu finden, den seine Hände schon kennen.

Lieder raten
Bei diesem Spiel muss ein Kind den anderen ein bekanntes Lied vorsummen. Die anderen raten. Wer richtig geraten hat, ist als nächstes an der Reihe.

Stille Post
Alle Kinder sitzen im Kreis. Ein Kind flüstert seinem Nachbarn ein Wort ins Ohr. Das, was das Kind versteht, muss es nun an seinen Nachbarn weiterflüstern. Wenn das Wort beim letzten Spieler angekommen ist, darf dieser es laut verkünden.

1. Lest die Spielerklärungen und probiert die Spiele aus.
2. In den Spielerklärungen findest du Verben mit **ver-** oder **vor-**. Schreibe sie ab.
3. Bilde mit den Puzzleteilen neue Verben. Schreibe in eine Tabelle.

ver   stellen   schreiben
vor   packen   raten   lesen   rechnen

4. Schreibe mit jedem Verb einen Satz zum Bild.

stellen — vorstellen — verstellen

S. 20

Gesund und munter

Wortfamilien

Lilli ist im Bett. Ihre Bettdecke liegt auf dem Boden. Irgendetwas hat sie geweckt. Sie macht die Deckenlampe an und hebt ihre Decke auf. Dann sieht sie sich im Zimmer um, kann aber nichts entdecken. Lilli schaut auf den Wecker. Es ist 22.00 Uhr. Draußen ist alles dunkel. Eine Wolke verdeckt den Mond. Plötzlich hört sie das Geräusch wieder. Es ist Mutti. Sie deckt den Frühstückstisch für den nächsten Morgen. Beruhigt kann sich Lilli wieder zudecken und weiterschlafen.

1 Finde die Wörter der Wortfamilie **-deck-**. Rahme den Wortstamm ein.

2 Ordne die Wörter nach Wortfamilien. Rahme den Wortstamm ein.

trocken   drücken   eckig   Druck   anecken

Wäschetrockner   Eckball   trocknen   bedrückt

Wörter mit dem gleichen Wortstamm gehören zu einer Wortfamilie.

3 Wer findet mit Hilfe der Wörterrolle die meisten Wörter? Beachte die Groß- und Kleinschreibung.

ver-	-lauf-	-en
be-	-spring-	-er
mit-	-weg-	-ung
über-	-geh-	-lich

4 Wer findet zuerst zu jeder Wortart ein Wort der Wortfamilie?

-fahr-   -trag-   -rat-   -lauf-   -denk-

Wortstamm	Substantiv	zusammengesetztes Substantiv	Verb	Adjektiv
-fahr-	...	...	...	gefährlich

Gesund und munter

Zusammengesetzte Substantive aus Verb und Substantiv

1 Welche zusammengesetzten Substantive kannst du bilden?
Schreibe so: *die Turnhalle, ...*

Halle   Hose   Schuhe

Bank   **turnen**   Matte

Beutel   Hemd   Gerät

2 Aus welchen Wörtern wurden die unterstrichenen Wörter im Text gebildet?
Schreibe so: *das Wartezimmer: warten – das Zimmer, ...*

Jan muss heute zur Kinderärztin. Mutti und er gehen ins <u>Wartezimmer</u>.
Jan holt sich aus der <u>Spielecke</u> ein Puzzle. Dann wird er ins <u>Sprechzimmer</u>
gerufen. Zuerst macht die Kinderärztin mit ihm einen <u>Sehtest</u>. An der <u>Messlatte</u>
liest die Ärztin Jans Größe ab. Sie befragt Jan nach seinen <u>Lernergebnissen</u> und
seinen Hobbys. Jan ist kerngesund und radelt froh auf seinem <u>Fahrrad</u> mit Mutti
nach Hause.

> Zusammengesetzte Substantive kannst du auch aus Verben
> und Substantiven bilden.
> Das Verb wird zum <u>Bestimmungswort</u>, das Substantiv wird zum <u>Grundwort</u>.
>
> *das Wartezimmer: warten, das Zimmer*

3 Bilde zusammengesetzte Substantive mit den Verben.
Schreibe sie mit Artikel auf. Unterstreiche das Grundwort.

lesen   schreiben   rechnen   laufen

schwimmen   sprechen   sehen   hören

→ S. 138

Gesund und munter

Adjektive

1 Schreibe zu den Bildern.

> Der Apfel ist …   Das Pferd ist …   Der Junge ist …   Das Fahrrad ist …

Das weißt du schon:
Wörter, die sagen, wie etwas ist, nennen wir **Adjektive**.
Sie helfen, Menschen, Tiere, Pflanzen und Dinge genau zu beschreiben.

2 Finde zu jedem Adjektiv im Satz das Gegenteil und schreibe die Sätze richtig ab.

Ich bin ein kluger Wurm.

Lukas wirft den Ball zwanzig Meter kurz.
Lilli schwimmt langsam und gewinnt.
Max ist schwach und schafft sieben Klimmzüge.
Nele hat ein paar alte Turnschuhe bekommen.
Leon freut sich und jubelt leise: „Tor!"

3 Denke dir eigene Unsinnssätze mit Adjektiven aus.

4 Schreibe zu jedem Substantiv ein verwandtes Adjektiv auf.
Schreibe so: *die Stärke – stark*

> der Sport   das Herz   der Mut   die Kraft   die Ordnung   der Spaß

5 Finde Adjektive, die beschreiben, wie deine Freundin oder dein Freund ist.
Schreibe Sätze.

Gesund und munter

Satzglieder

SEE   ANTON   FAHRRAD   MIT

FÄHRT   DEM   ZUM

Achte auf die Satzanfänge.

1. Bilde mit den Wörtern der Wortkarten einen Satz.

2. Stellt die Wörter von Aufgabe 1 so um, dass weitere sinnvolle Sätze entstehen. Auch ein Fragesatz ist möglich. Welche Wörter bleiben immer zusammen?

> Ein Satz besteht aus mehreren Teilen. Diese Teile heißen **Satzglieder**.
> Ein Satzglied kann aus einem Wort oder mehreren Wörtern bestehen.
> Satzglieder kannst du umstellen.
> Fadime und Tim | schwimmen | um die Wette.
> Um die Wette | schwimmen | Fadime und Tim.
> Schwimmen | Fadime und Tim | um die Wette?

3. Bilde einen Satz. Welche Wörter gehören zu einem Satzglied? Stelle dazu die Satzglieder um. Kennzeichne mit Strichen |.

TENNIS   TURNHALLE   LUKAS   TIM   SPIELEN   UND   IN   DER

4. Setze die Satzglieder zu einem Satz zusammen. Wer findet die meisten Sätze?

im Sportunterricht   die Jungen   laufen

mit den Mädchen   um die Wette

5. Finde die Satzglieder. Kennzeichne mit Strichen |. Stelle den Satz um.

Jan wandert mit seiner Mutti in den Herbstferien im Gebirge.

Gesund und munter

Vorgänge beschreiben

1 Vervollständige die Vorgangsbeschreibung.

| Schreibe eine Überschrift. |
| Nenne die Dinge, die du benötigst. |
| Beschreibe in der richtigen Reihenfolge. |
| Achte auf unterschiedliche Satzanfänge, verschiedene Verben und treffende Adjektive. |

Lustige Brotgesichter

Für die Zubereitung eines lustigen Brotgesichtes brauche ich Vollkornbrot, Frischkäse, Paprika, Gurke, Mohrrübe und Schnittlauch.

▭▭▭ wasche ich das Gemüse.

▭▭▭ bereite ich das Gemüse vor, schneide es in Scheiben oder Streifen.

▭▭▭ bestreiche ich eine Scheibe Vollkornbrot mit Frischkäse.

▭▭▭ lege ich mit dem geschnittenen Gemüse lustige Gesichter.

▭▭▭ schneide ich den Schnittlauch und lege ihn als Haare auf das Brot.

▭▭▭ richte ich das Brotgesicht auf einem Teller an.

2 Zähne sollen täglich zweimal nach der KAI-Methode geputzt werden. Beschreibe, wie du richtig Zähne putzt. Nutze den Bauplan von Aufgabe 1.

Kauflächen: hin und her putzen
Außenflächen: mit kreisenden Bewegungen von Rot nach Weiß putzen
Innenflächen: von Rot nach Weiß bürsten

S. 22

Lernen lernen

Berichtigen

So berichtigst du Fehler bei Substantiven:
- Bilde die Einzahl und Mehrzahl.
- Bilde eine Wortgruppe mit einem passenden Adjektiv.
- Bilde ein zusammengesetztes Substantiv.
- Finde ein Wort der Wortfamilie.

So berichtigst du Fehler bei Verben:
- Bilde die Grundform.
- Schreibe verschiedene gebeugte Formen (Personalformen) auf.
- Schreibe eine Wortgruppe oder einen kurzen Satz.
- Finde ein Wort der Wortfamilie.

So berichtigst du Fehler bei Adjektiven:
- Bilde eine Wortgruppe mit einem passenden Substantiv.
- Finde ein Wort der Wortfamilie.
- Schreibe das Gegenteil auf.

So berichtigst du Fehler am Satzanfang oder bei Satzzeichen:
- Schreibe den ganzen Satz noch einmal.

Nutze das Wörterverzeichnis oder ein Wörterbuch.

---

der Kamm – die Kämme,
ein blauer Kamm,
der Holzkamm,
kämmen

öffnen,
er öffnet,
ich öffne,
die Tür öffnen,
die Öffnung

voll,
ein volles Glas,
Vollmilch,
voll – leer

Bei Regen spielen wir im Zimmer.

---

1 Berichtigt die Fehler. Arbeitet mit Hilfe der Übersicht.

Auf dem tisch steht eine Schüsel mit Nüssen. ||
Max betastet die Harte Schale. dann hört er Anton eine Nuss knacken. ||
Anton riecht am würzigen Kern. Nun lassen sie sich die Nuss schmeken_ |–

→ S. 139   **Strategien und Methoden**

Hier kannst du noch üben

1 Schreibe die Sätze ab. Ersetze die markierten Wörter durch Personalpronomen.

Jeden Freitag fährt Emma zu ihrem Pony Krümel.
Das Pony wiehert laut. Emma bringt immer einen Apfel mit.
Der Apfel wird von Krümel sofort gefressen. Nach dem Reiten wird der Stall ausgemistet. **Der Stall** ist dann immer blitzsauber.
Abends badet Emma gern. **Emma** liebt Badeschaum.

2 Löse das Silbenrätsel. Wie sprichst du den Selbstlaut der ersten Silbe? Markiere den Selbstlaut mit • oder –.

Achtung, zwei Wörter haben drei Silben.

tref	fal	nen	Tel	nen
ken	fen	len	fen	ler
ne	men	of	win	sam
käm	Kan	ge	zu	men

3 Ordne den gebeugten Formen (Personalformen) die Grundform zu. Bilde mit jedem Verb einen Satz.

er fällt   es öffnet   ihr sammelt   du bäckst   er trifft

4 Schreibe Wortfamilien auf. Ein Wort in jeder Reihe passt nicht. Streiche es durch. Rahme jeweils den Wortstamm ein.

aufwecken	Reisewecker	wecken	einwecken	auswechseln
Bäcker	backen	Backblech	anpacken	backfrisch
zuckerfrei	zuckersüß	Süßstoff	zuckern	Zuckerhut

5 Schreibe ab und setze **vor-** oder **ver-** passend ein.

Beim Blinde-Kuh-Spiel muss sich ein Kind die Augen ▢binden.
Anton soll die Aufgabe an der Tafel ▢rechnen.
Am Wandertag ▢geht die Zeit sehr schnell.
Für das Wochenende will sich die Familie etwas ▢nehmen.

Fördern S. 23

Hier kannst du weiterlernen

1 Ergänze passende Personalpronomen.
Beachte die Groß- und Kleinschreibung.

Hung geht einmal in der Woche zum Radverein.
Dort trainiert ⬚ Kunstradfahren mit einem
besonderen Fahrrad. ⬚ hat besondere Reifen
und auch Lenker und Sattel sind anders.
⬚ sind so beschaffen, dass Hung auf ihnen stehen kann. ⬚ kann
damit schnell anfahren, bremsen und sogar rückwärtsfahren. Ein paar kleine
Kunststücke beherrscht ⬚ schon. ⬚ wird ⬚ beim Wettkampf zeigen.

2 Bilde Wortfamilien. Arbeite so:

Substantiv	zusammengesetztes Substantiv	Verb	Adjektiv
der Geschmack	der Himbeergeschmack	schmecken	schmackhaft

Geschmack   Schreck   Entdeckung   Ecke

3 Schreibe die Verben aus dem Text ab. Bilde zu jedem Verb die Grundform.

Max geht abends immer erst sehr spät ins Bett.
Am nächsten Morgen kommt er dann nicht auf die Beine.
Seine Mutti weckt ihn ein paar Mal. Max erwacht einfach
nicht. Ihm bleibt meist wenig Zeit für das Frühstück.
Er kämmt sich oft nicht einmal die Haare.
Meistens rennt er zur Schule.

4 Bildet aus den Satzgliedern Sätze. Vergleicht eure Ergebnisse.
Was stellt ihr fest?

jedes Jahr   Nele   beim Wettlauf   um den See   vor dem Startsignal

die Startklappe   der Sportlehrer   schlägt   hört   ihr Herz   sie   läuft

S. 24   **Fordern**   37

Du und ich und wir

Was ich werden will, wenn ich groß bin

Wenn ich groß bin, werde ich Popsängerin. Ich kann gut tanzen und singen und ich will anderen Freude bringen.

Wenn ich groß bin, werde ich Schriftsteller, denn ich kann spannende Piratengeschichten schreiben.

Wenn ich groß bin, werde ich Tierärztin, denn ich liebe Tiere und helfe gern.

Wenn ich groß bin, werde ich Koch. Ich kann schon Spaghetti mit Tomatensoße kochen.

Befreundet sein

Manchmal vergisst er ein Heft oder die Mütze.
Er springt mit neuen Schuhen in die Pfütze.
Er hat nicht immer gewaschene Ohren.
Ich sah ihn schon in der Nase bohren.
Er schrieb im Diktat auch mal eine Vier.
Aber eins ist sicher: Er hält zu mir.

Viktoria Ruika-Franz

Was möchtet ihr einmal werden? Spielt euch die Berufe gegenseitig vor und erratet sie.

Jeder Tag bringt Erlebnisse mit Freunden. Erzählt.

Braucht jeder einen Freund? Sprecht darüber.

Was kann dein Freund oder deine Freundin gut? Wobei kannst du deinem Freund oder deiner Freundin helfen?

Du und ich und wir

Verben im Präsens und Präteritum

Im Schulhaus klingelte es zum Unterricht.
Tim stand vor der Klassentür. Er kam zu spät.
In seinem Bauch kribbelte es.
In seinem Kopf klopfte es.
Tim öffnete leise die Tür.
Frau Fröhlich schrieb an der Tafel.
Alle Kinder sahen ihn an.

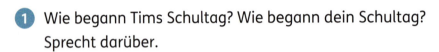

1 Wie begann Tims Schultag? Wie begann dein Schultag?
Sprecht darüber.

2 Suche im Text alle Verben heraus.
Arbeite so: *es klingelte – es klingelt, …*

3 Schreibe die Sätze so auf, als würde es jetzt passieren.
Schreibe so: *Im Schulhaus klingelt es …*

Gegenwart ist heute und Vergangenheit ist früher.

> Verben geben an, in welcher **Zeit** etwas geschieht.
> Passiert etwas jetzt, steht das Verb im **Präsens**.
> Passierte etwas früher, steht das Verb im **Präteritum**.
> **Präsens** (Gegenwart): *es klingelt, er steht*
> **Präteritum** (Vergangenheit): *es klingelte, er stand*

4 Schreibe die Verben der Wortleiste ab.
Ergänze die Er-Form im Präsens und im Präteritum.
Arbeite so:

Grundform	Präsens	Präteritum
bleiben	er …	er …

bleiben
schreiben
schreien
finden
halten
lesen
werfen

5 Spielt nach, wie Tims Schultag begann.

6 Endlich Schulschluss! Beschreibe: Wie endete gestern dein Schultag?

Du und ich und wir

Texte im Präsens und Präteritum

In der Hofpause spielen Tim und Paula Fußball. Nele sitzt mit Frieda auf der Bank. Anton erzählt Fadime vom Wochenende. Nur Kim ist allein und klettert auf den großen Findlingsstein hinter der Hecke. Frau Fröhlich steht an der Tür und beobachtet die Kinder.

1. Was passiert in der Hofpause? Sprecht darüber.

2. Suche im Text die Verben. Schreibe den Text im Präteritum auf.

3. Wie geht die Geschichte mit Kim weiter? Wähle einen Schluss. Schreibe im Präteritum. Nutze die Wörtersammlung. Finde eine Überschrift.

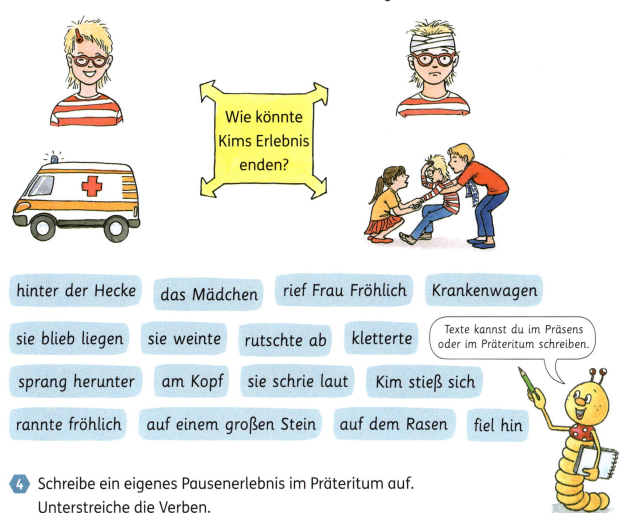

Wie könnte Kims Erlebnis enden?

hinter der Hecke   das Mädchen   rief Frau Fröhlich   Krankenwagen

sie blieb liegen   sie weinte   rutschte ab   kletterte

sprang herunter   am Kopf   sie schrie laut   Kim stieß sich

rannte fröhlich   auf einem großen Stein   auf dem Rasen   fiel hin

Texte kannst du im Präsens oder im Präteritum schreiben.

4. Schreibe ein eigenes Pausenerlebnis im Präteritum auf. Unterstreiche die Verben.

Du und ich und wir

Erlebnisse erzählen und schreiben

Einleitung — **Hauptteil** — **Schluss**

Wer?
Wo?
Wann?

vor dem Unterricht
auf dem Schulweg
ein paar Minuten
eine halbe Stunde
nach 8 Uhr
der Junge
auf dem Spielplatz
er schaukelt
er erschreckt sich

?

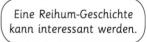
Eine Reihum-Geschichte kann interessant werden.

1. Was ist Tim passiert?
   Erzählt mit Hilfe der Wortkarten zu den Bildern.

2. Schreibe zu Tims Erlebnis eine Wörtersammlung zur Einleitung und zum Schluss auf. → S. 48/49

3. Stell dir vor, du bist Tim. Schreibe das Erlebnis im Präteritum auf.
   Nutze die Wörtersammlung.
   Finde eine treffende Überschrift. → S. 48/49

Du und ich und wir

Einleitung, Hauptteil und Schluss einer Geschichte schreiben

*Unsere Klasse hörte im Unterricht
die Geschichte von Peter Pan, dem Jungen,
der nie erwachsen werden wollte.
Als Überraschung sahen wir Peter, Wendy und ihre Brüder,
Indianer und viele Piraten in der Eisrevue wieder.
Hier tanzten und spielten Kinder die Geschichte
auf dem Eis nach. Sie trugen wunderschöne bunte Kostüme.
Peter Pan hatte einen grünen Anzug an.
Die Musik gefiel mir auch sehr gut.
Bestimmt mussten die kleinen Künstler lange für diesen Auftritt üben.
Ich staunte und klatschte oft Beifall. In der Eishalle war es sehr kalt.
Aber wir froren nicht, weil wir heißen Tee tranken.
Auf die Sitze legten wir Kissen und wickelten uns in Decken ein.
Zu Hause erzählte ich meinen Eltern die Geschichte von Peter Pan
und berichtete vom Klassenausflug.
Das war wirklich ein schöner Tag!*

1 Über welches Erlebnis wird erzählt? Finde eine passende Überschrift.

2 Prüfe, ob die Geschichte eine kurze Einleitung, einen ausführlichen Hauptteil und einen kurzen Schluss hat. → S. 48/49

3 Zu welchem Erlebnis möchtest du etwas schreiben?
Lege eine Wörtersammlung zu Einleitung, Hauptteil und Schluss an.

- Am letzten Wochenende
- Zirkus in der Schule
- ?
- Ein spannender Wandertag
- Eine lustige Musikstunde

4 Schreibe deinen Text im Präteritum auf. Nutze deine Wörtersammlungen. Beachte Einleitung, Hauptteil und Schluss. → S. 48/49

S. 30

Du und ich und wir

Wörter mit Sp/sp und St/st

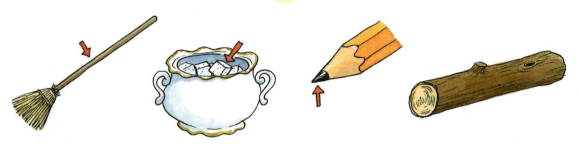

1 Schreibe zusammengesetzte Substantive.
Arbeite so: *die Bleistiftspitze: der Bleistift – die Spitze, …*

2 Verwende die Wörter der Wortleiste in Wortgruppen.

einen ⬚ spitzen, über ⬚ und Stein hüpfen,
ein ⬚ Kuchen essen, eine ⬚ besichtigen,
eine Fremdsprache ⬚, durch einen Park ⬚

| der Stift |
| der Stamm |
| der Stock |
| das Stück |
| die Stadt |
| der Stiel |
| die Spitze |
| sprechen |
| spazieren |
| staunen |

3 Ergänze die Sätze mit Wörtern aus der Wortfamilie **sprechen**.

sprachlos   versprechen   der Versprecher

Wenn du dich beim Gedichtvortrag ⬚, ist das ein ⬚.
Vor Aufregung kannst du auch ⬚ sein.

> **Das weißt du schon:**
> Jedes Wort hat einen **Wortstamm**. Wörter mit gleichem oder ähnlichem Wortstamm gehören zu einer **Wortfamilie**. Verändert sich der Wortstamm, bleiben sie trotzdem verwandte Wörter.
> die [Sprache], [sprach]los, [sprech]en, sie [spricht]

4 Schreibe Wortfamilien. Rahme den Wortstamm ein.

er springt   die Spitze   sie spazierte

Du und ich und wir

Kommasetzung bei Aufzählungen

Was wollen wir heute, morgen oder übermorgen machen?
Über Witze, Späße oder Filme lachen?
Mit Autos, Puppen und Bausteinen spielen,
schwimmen, flitzen oder singen mit vielen?
Willst du fernsehen, lesen oder tanzen?
Frieda ruft: „Ich will Oma, Opa, Tante und Onkel besuchen."
Mutti bäckt schnell noch Torte, Plätzchen und Kuchen.

1. Was würde dir am meisten Freude machen?

2. Zwischen welchen Wörtern steht ein Komma? Überlege warum.
   Arbeite so: *Witze, …*

> Bei einer **Aufzählung** setzt du zwischen Wörtern oder Wortgruppen ein **Komma**.
> Vor **und** und **oder** steht kein Komma.
> *Oma, Opa, Tante und Onkel*
> *fernsehen, lesen oder tanzen*

Ich möchte Pudding schlecken, kuscheln, fernsehen und mich verkleiden.

3. Zähle Menschen, Tiere, Pflanzen und Dinge auf.

4. Zähle auf, was du in deiner Freizeit am liebsten machst.

Am Wochenende ⬭, ⬭ und ⬭ ich gern.
Am liebsten spiele ich mit ⬭, ⬭ oder ⬭.
Meine Lieblingstiere sind ⬭, ⬭ und ⬭.
Wenn ich Langeweile habe, dann ⬭, ⬭ oder ⬭ ich.

5. Sammelt Vorschläge gegen Langeweile.
   Diskutiert und begründet eure Vorschläge.

→ S. 136   S. 29

Du und ich und wir

Berufsnamen

Der Arzt nennt die Hausaufgabe.
Die Jägerin fährt den Schulbus.
Der Schneider untersucht Patienten.
Die Bäckerin beobachtet das Wild.
Der Koch ändert ein Kleid.
Die Busfahrerin kocht eine Suppe.
Der Lehrer bäckt Brot.

Informiere dich über verschiedene Berufe.

1 Schreibe die Sätze richtig auf.

2 Suche die Berufe im Text heraus.
Arbeite so: *der Arzt – die Ärztin, der …*

> Namen für **Berufe** sind auch Substantive.
> Es gibt weibliche und männliche Berufsnamen.
> Die weibliche Form erkennst du meist an der **Nachsilbe -in**:
> *der Arzt – die Ärztin*

der Bäcker
die Bäckerin
der Arzt
die Ärztin
der Lehrer
die Lehrerin
der Jäger
die Jägerin

3 Welche Berufe erkennst du?
Erfinde eigene Rätselfragen. Lass andere raten.

Sind bei euch alle gesund und munter?

Sind bei euch alle ordentlich gekämmt?

Haben bei euch alle den klaren Durchblick?

4 Schreibe in die erste Spalte einen weiblichen oder männlichen Berufsnamen. Falte das Blatt nach hinten und gib es weiter.

Wer?	Tut was?	Wie?	Wo?
Die Töpferin	*näht*	*zornig*	*im Schulbus.*

Du und ich und wir

Gegenstände beschreiben

Mein Gegenstand ist aus braunem Holz. Er ist lang und rund wie ein Stab. Er hat Löcher. Ich kann damit Musik machen.

Mein Gegenstand ist bunt. Er ist aus Gummi. Ich brauche ihn, wenn es regnet.

1 Welche Gegenstände beschreiben die Kinder?

2 Welche Angaben haben Anton und Kim für ihre Beschreibungen genutzt? Wähle einen Gegenstand von Aufgabe 1 und ordne zu.
Arbeite so: *Name: …*

| Name | Material | Teile | Farbe | Verwendung | typische Merkmale |

Aussehen

3 Lies Emmas Beschreibung und beantworte die Fragen.

Name
Wie heißt der Gegenstand?

Material
Woraus besteht der Gegenstand?

Teile
Aus welchen Einzelteilen besteht er?

Farbe
Welche Farbe hat er?

Aussehen
Welche Adjektive beschreiben, wie er aussieht?

Verwendung oder typische Merkmale
Was kann ich mit dem Gegenstand tun?

Mein Füller ist aus Kunststoff.
Er ist rot. Vorn befindet sich die Schreibfeder.
Die Feder ist aus Metall. Ich schraube
eine Hülle auf den vorderen Teil des Füllers.
Damit ich ihn gut in der Hand halten kann,
ist der Griff rund. Innen ist der Füller hohl.
Dort fülle ich Schreibpatronen ein.
Ich kann mit ihm schreiben.

4 Wähle einen Gegenstand. Beschreibe ihn mit Hilfe des Bauplanes von Aufgabe 3.

S. 32

Lernen lernen

Texte planen und schreiben

> Die **Einleitung** führt in eine Geschichte ein.
> **Wer**
> … kommt darin vor?
> **Wo**
> … spielt die Geschichte?
> **Wann**
> … spielt die Geschichte?

> Im **Hauptteil** wird ausführlich und genau erzählt, was passiert.
>
> Der **Höhepunkt** ist die spannendste, lustigste oder traurigste Stelle einer Geschichte.

> Ein kurzer **Schluss** führt aus der Geschichte hinaus.

Friedas kleines Morgenkonzert

> In der Tür standen die Eltern und klatschten Beifall.

> Es war Samstag und Friedas Eltern schliefen noch.
> Sie war allein im Zimmer. Auf dem Tisch lagen ihre Noten.

> Frieda holte ihre Geige aus dem Kasten und setzte sich nachdenklich auf einen Stuhl. Heute wollte sie üben. Sie legte die Geige langsam an und hob den Bogen. Der erste Ton! Sie erschrak. Die Saiten quietschten. Hoffentlich hatte sie die Eltern nicht geweckt.
> Sie probierte es immer wieder. Wenig später klang eine wunderschöne Melodie durch das Zimmer. Frieda war glücklich.

1 Bringe Einleitung, Hauptteil und Schluss in die richtige Reihenfolge. Unterstreiche in der Geschichte den Höhepunkt.

2 Prüfe, ob im Text die folgenden Tipps beachtet wurden:
– einheitliche Zeitform der Verben
– kurze passende Überschrift
– richtige Reihenfolge
– Personen sprechen, denken oder fühlen
– treffende Adjektive
– abwechslungsreiche Verben
– verschiedene Satzanfänge

Strategien und Methoden → S. 140

Lernen lernen

Einleitung	Hauptteil	Schluss
– Jan – Wiese am Waldrand – …	Bis zum letzten Moment bastelte und malte Jan mit seinem Vati am Drachen. Endlich kam er auf der Wiese an und ließ seinen Drachen steigen. Bunt und fürchterlich schaute der Drachen vom Himmel herab. Plötzlich rutschte Jan die Schnur aus der Hand. Er schrie und rannte hinter seinem Drachen her. Aber der stieg höher und höher.	– …

Einleitung und Schluss einer Geschichte sollten kurz sein.

1. Denke dir eine Einleitung und einen Schluss zu Jans Geschichte aus. Fertige dazu eine Wörtersammlung an.

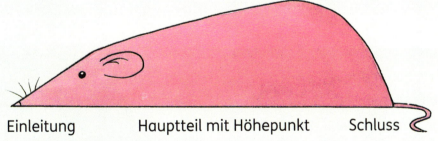

Einleitung   Hauptteil mit Höhepunkt   Schluss

2. Schreibe Jans Drachengeschichte auf.
   Nutze deine Wörtersammlung. Beachte die Schreibtipps von Seite 48.

3. Finde eine kurze und passende Überschrift zur Geschichte.

4. Schreibe eine eigene Geschichte zum Thema **Draußen spielen**.
   Beginne mit einer Wörtersammlung.

Strategien und Methoden

Hier kannst du noch üben

1 Suche Reimwörter mit **St** und **st**.

warten	das Laub	hören	klopfen	der Sumpf	holpern
st◌	der St◌	st◌	st◌	der Str◌	st◌

2 Welche Wörter kennst du, die so beginnen?

STA STE STI STO STAU STU

> Sprich: scht oder schp.
> Schreibe: St/st oder Sp/sp.

3 Ordne die Wörter mit **St** und **st** von Aufgabe 1 und 2 so:

Substantive	Verben
...	...

4 Schreibe Wortfamilien auf. Rahme den Wortstamm ein.

sparen   sprechen   springen

5 Schreibe Zeile für Zeile ab. Unterstreiche die Verben im Präsens.

Max bleibt heute in seinem Kinderzimmer.
Er liest in einem Buch.
Es erzählt die Geschichte von einem Jungen.
Max findet sie spannend.
Im Garten schreit sein kleiner Bruder.
Max wirft sein Buch auf das Bett. Schade!

6 Schreibe den Text im Präteritum auf.
Unterstreiche die Verben.

7 Ordne die Verben von Aufgabe 5 und 6 so:

Präsens	Präteritum	Grundform
er bleibt	er blieb	...

Fördern S. 33

Hier kannst du weiterlernen

Am Morgen

Der Tag fängt an, die Stadt wird wach.
Die Spatzen schreien auf dem Dach,
die Lampen löschen aus.
Ein Wecker schellt,
ein Hündchen bellt,
ein Auto summt,
ein Flugzeug brummt –
der Kater schleicht ums Haus.
Ein Vogel singt,
ein Hammer klingt,
ein Zug fährt weit –
nun ist es Zeit:
Die Sonne kommt herauf.

Ursula Wölfel

1. Zähle auf. Was hört Ursula Wölfel am Morgen? Was sieht sie?

2. Schreibe das Gedicht im Präteritum auf.

3. Schreibe dein eigenes Gedicht im Präteritum.
   Du kannst so beginnen: *Mein Tag fing an …*

Büchervorleser wäre mein Traumberuf.

4. Schreibt die Wortfamilie als Partnerdiktat.
   Rahmt immer den Wortstamm ein.

   wir stehen   er steht   das Musikständchen
   die Standuhr   du stehst   sie stand
   der Obststand   ihr steht   standhaft

5. Bilde Wortfamilien mit **jagen** und **lehren**. Welche Berufe hast du gefunden?

6. Schreibe ein Akrostichon zu deinem Traumberuf.

Traumhaft und fantasievoll

Märchen-Traumgedicht

Ich mag so gerne träumen
von Riesenzauberbäumen,
bei denen jedes einzelne Blatt
'nen Traum für mich zu bieten hat.
Und jeder Traum erzählt ein Märchen
von Elfen, Zwergen, einem Bärchen,
von Wolkengeistern, Hexen, Feen,
Königsschlössern, Zauberseen,
von Schneewittchen, Hans im Glück
und einem Erdbeereisbergstück,
von Peter Pan, Schlaraffenland,
Frau Holle und so allerhand
Geschichten, ja, du glaubst es kaum,
schenkt mir mein Riesenzauberbaum.

Elke Bräunling

Mit welchem Kind würdest du gern tauschen?
Schlüpfe in die Rolle. Erzähle dein Abenteuer.

Gestaltet euren Traumbaum.
Jedes Blatt zeigt einen Traum.
Pflückt Blatt für Blatt
und erzählt fantasievolle
Geschichten.

Fantasiewelt:
Was erleben
die Figuren
hinter der Tür?

Traumhaft und fantasievoll

Adjektive steigern

1. In dem Märchen **Die drei kleinen Schweinchen** baut jedes Schweinchen sein eigenes Haus. Erzähle zum Märchen.

2. Was behaupten die Schweinchen? Welches Adjektiv verwenden sie? Wie verändert sich das Adjektiv?

3. Schreibe den Text ab und unterstreiche alle Adjektive. Was stellst du fest?

Der Wolf war hungrig und klopfte am Strohhaus. Niemand öffnete. Er war wütend, holte tief Luft und pustete das Haus davon. Das Schwein war schlau und rettete sich ins Holzhaus. Der Wolf klopfte am Holzhaus. Niemand öffnete. Er wurde wütender und holte tiefer Luft und pustete auch dieses Haus weg. Die Schweine waren wieder schlauer und versteckten sich im Steinhaus. Der Wolf klopfte dort an. Am wütendsten machte es ihn, dass wieder niemand öffnete. Er sagte zu sich selbst: „Gut. Vielleicht wäre es am schlausten, wenn ich durch den Kamin klettere."

Adjektive kannst du **steigern**. Es gibt die Grundstufe und zwei Steigerungsstufen:

Grundstufe	Mehrstufe	Meiststufe
schwierig	schwierig**er**	am schwierig**sten**

---

4. Ordne die Adjektive von Aufgabe 3. Arbeite so:

Grundstufe	Mehrstufe	Meiststufe
hungrig	...	...

→ S. 136   S. 36

Traumhaft und fantasievoll

Mit Adjektiven vergleichen

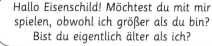

1 Schreibe die Adjektive aus Einauges Sprechblase heraus.
Achte auf das Wort nach dem Adjektiv. Was fällt dir auf?

2 Schreibe die Adjektive aus Eisenschilds Sprechblase heraus.
Achte auf das Wort vor und nach dem Adjektiv. Was fällt dir auf?

> Mit **Adjektiven** können wir **vergleichen**.
> Gleiches wird mit den Vergleichswörtern **so ... wie** beschrieben.
> Du verwendest die Grundstufe: *so braun wie ...*
> Unterschiedliches wird mit dem Vergleichswort **als** beschrieben.
> Du verwendest die Mehrstufe: *älter als ...*

3 Eisenschild macht Einauge Komplimente. Setze die passende
Steigerungsstufe der Adjektive ein. Beachte die Vergleichswörter.

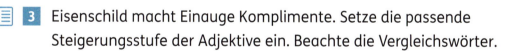

Einauge, du bist so ⬚ wie ich. Du bist wirklich ⬚ als ich. Deine Witze sind so ⬚ wie die eines Clowns. Es ist schade, dass ich nicht so ⬚ wie du rennen kann. Ich bin ⬚ als du. Das ist nicht schlimm für mich.

4 Vergleiche die beiden Zwerge miteinander.
Schreibe Sätze.

→ S. 136   S. 37

Traumhaft und fantasievoll

Zusammengesetzte Adjektive

Der Spiegel sagt: „Frau Königin,
Ihr seid so **schön** wie das **Bild**,
das Ihr hier seht.
Doch Schneewittchen ist so **schön**
wie ein **Wunder**."

1 Spielt die Szene nach. Was könnte der Spiegel noch antworten? Wie reagiert die Königin?

2 Ergänze die Sätze. Unterstreiche die neu gebildeten Wörter.

Denke daran: Adjektive schreibst du klein.

Die Königin ist so **schön** wie ein **Bild**. Sie ist <u>bildschön</u>.
Schneewittchen ist so **schön** wie ein **Wunder**. Sie ist ⬚.
Die Lippen von Schneewittchen sind so **rot** wie **Blut**. Sie sind ⬚.
Ihre Haut ist so **weiß** wie **Schnee**. Sie ist ⬚.
Die Zipfelmütze des Zwergs ist **gerade** wie eine **Kerze**. Sie ist ⬚.

> Aus einem Substantiv und einem Adjektiv können wir ein **zusammengesetztes Adjektiv** bilden.
> *das Blut, rot → blutrot*
> Wir bilden **zusammengesetzte Adjektive**, um etwas genauer zu beschreiben.
> *rote Lippen → blutrote Lippen*

3 Was passt zusammen? Bilde zusammengesetzte Adjektive. Schreibe Sätze mit den neuen Adjektiven.

alt — schnell
gelb — gesund
leicht — süß

alt
gelb
gesund
braun
böse
hart

→ S. 138

Traumhaft und fantasievoll

Wörtliche Rede

Zuerst lief Hans einem Reiter mit seinem Pferd über den Weg.
Der Reiter fragte: „Wollen wir tauschen?"
Hans war überglücklich und antwortete: „Von …"

1 Vergleiche die Bilder mit dem Text.
Woran erkennst du im Text, dass jemand etwas sagt?

> Was gesprochen wird, heißt **wörtliche Rede**.
> In Texten steht die wörtliche Rede in Anführungszeichen.
> Der Begleitsatz gibt an, wer spricht.
>
> _____ : „~~~~~~~~~~~~~?"
> Begleitsatz   wörtliche Rede
> *Der Reiter fragte: „Wollen wir tauschen?"*

2 Schreibe zu den Bildern 1, 2 und 3 die wörtliche Rede auf.
Verwende in den Begleitsätzen unterschiedliche Verben.
Kennzeichne Begleitsatz und wörtliche Rede.

erzählen   sagen   fragen   antworten   berichten

3 Wen trifft Hans noch? Schreibt das Märchen von Hans im Glück weiter.
Spielt es nach.

→ S. 138   S. 38

Traumhaft und fantasievoll

Texte weiterschreiben

Hans im Glück
Hans arbeitete sieben Jahre bei seinem Chef. Nun war er mit seinem Lohn, einem großen Bündel Geld, auf dem Heimweg. Da sah er einen Mann mit einem tollen Auto und dachte laut vor sich hin: „Ach, hätte ich so ein schnelles Auto, dann wäre ich früher zu Hause." Der Autofahrer bemerkte den nachdenklichen Hans mit dem vielen Geld und fragte: „…"

1. Vergleicht das Märchen der Brüder Grimm mit Antons Idee. Findet Gemeinsamkeiten und Unterschiede.

2. Wie könnte Antons Märchen weitergehen und wie endet es? Fertige eine Wörtersammlung an.

3. Schreibe das Märchen. Nutze deine Wörtersammlung.

4. Führt eine Schreibkonferenz durch. → S. 62

5. Überarbeite deinen Text. → S. 63

6. Gestaltet eure Texte. Entscheidet euch für eine Idee.

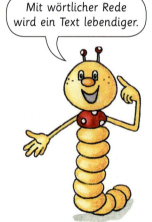

Mit wörtlicher Rede wird ein Text lebendiger.

Comic

Moderne Märchen der Klasse 3b

Rollenspiel

?

→ S. 140

Traumhaft und fantasievoll

Texte in der richtigen Reihenfolge schreiben

1 Ordne die Teile der Geschichte der richtigen Reihenfolge nach. Der rote Faden hilft dir.

> Zu seinem neunten Geburtstag bekam er eine neue Ritterrüstung. Er zog sie sofort an und ritt auf seinem Pferd erst eine Runde um die Burg und später noch zu seinen Freunden. Am Abend wollte er sogar mit der Rüstung schlafen. Doch das war keine gute Idee, sondern sehr ungemütlich.

> Ritter Leon

> Da zog er lieber seinen Schlafanzug an und träumte in aller Ruhe von seinem Geschenk.

> Im Jahr 998 lebte der kleine Ritter Leon auf seiner Burg.

Überschrift
Einleitung — Wer? Wo? Wann?

2 Die Geschichte ist unvollständig. Fertige eine Wörtersammlung zum fehlenden Teil an. Finde eine passende Überschrift.

> Frieda verabschiedet sich von dem außergewöhnlichen Wesen vom Planeten Y und betritt völlig überwältigt ihre Zeitmaschine. Nun hat sie einen neuen Freund. Überglücklich drückt sie den Heimreiseknopf.

> Frieda sitzt in ihrer Werkstatt und schraubt an einer großen Maschine herum. Es ist eine Zeitreisemaschine. Obwohl sie erst acht Jahre alt ist, kennt sie sich gut mit Werkzeugen aus. Sie dreht eine letzte Schraube fest, wirft ihre Arbeitshandschuhe zur Seite und macht sich für ihre erste Reise bereit.

Hauptteil — Was passiert?

Schluss — Wie endet es?

3 Ergänze den fehlenden Teil der Geschichte mit Hilfe deiner Wörtersammlung.

4 Schreibe eine eigene Zeitreisegeschichte. Du kannst in die Vergangenheit oder in die Zukunft reisen.

→ S. 140

Traumhaft und fantasievoll

Wörter mit pp, rr und tt

Eines Morgens schüttelte ein einsamer Herr seine Betten aus. Plötzlich sah er, wie sich über der Mitte der Stadt ein riesiges Gewitter bildete. Der Schatten der Gewitterwolken verdunkelte die Stadt. Der Sturm fegte alle Blätter von den Bäumen. Die Kinder kletterten eilig von den Bäumen, als am Himmel auf einmal ein …

1 Erzählt weiter.

2 Schreibe alle Wörter mit doppeltem Mitlaut aus der Geschichte heraus. Wie wird der Selbstlaut vor dem doppeltem Mitlaut gesprochen? Markiere.

3 Welche Wörter der Wortleiste kannst du in Silben trennen? Schreibe sie nach dem Alphabet geordnet auf.
Schreibe so: *das Fut-ter, …*

4 Bilde zusammengesetzte Substantive.
Schreibe je einen Satz damit auf.

das Gewitter   die Wippe   der Hals   die Ratte

die Kette   der Plüsch   die Wolke   das Holz

5 Wähle drei Wörter aus der Wortleiste.
Finde verwandte Wörter.

6 Schreibe den Text des einsamen Herren von Aufgabe 1 zu Ende. Achte auf verschiedene Satzanfänge, abwechslungsreiche Verben, treffende Adjektive und eine passende Überschrift.

der Herr
kippen
das Bett
klettern
das Gewitter
die Mitte
der Schatten
das Blatt
schütteln
das Futter
die Kette
satt
fett
glatt

Traumhaft und fantasievoll

Personen beschreiben

1 Wähle eine Märchenfigur aus. Beschreibe sie genau. Wer kann sie erraten?

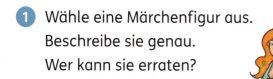

2 Was gehört in eine Personenbeschreibung? Erkläre am Beispiel.

| Name der Person |
| Größe und Körperbau |
| Haare |
| Besonderheiten |

Däumelinchen ist ein zartes, junges Mädchen. Sie ist kleiner als ein Daumen. Daher hat Däumelinchen auch ihren Namen. Ihr Gesicht ist niedlich mit zierlichen Ohren, einem kleinen Mund und einer winzigen Nase. Sie hat lange, blonde Haare und trägt gern Kleider. Däumelinchen wurde in der Blüte einer Tulpe geboren. Weil sie so klein ist, schläft sie in einer Walnussschale.

| Geschlecht und Alter |
| Gesicht und Kopf (Augen, Nase, Mund, Ohren) |
| Kleidung |

Verwende bei der Personenbeschreibung treffende Adjektive.

3 Wähle eine Märchenfigur aus. Ergänze die Stichpunkte. Beschreibe diese wie im Bauplan von Aufgabe 2.

Der standhafte Zinnsoldat
– Geschlecht: männlich
– Größe: klein
– Körperbau: nur ein Bein
– Kleidung: Uniform rot-blau

Die kleine Meerjungfrau
– Geschlecht: weiblich
– Besonderheit: singt toll
– Körperbau: anstatt der Beine eine Schwanzflosse

4 Beschreibe ein Kind aus deiner Klasse. Sammle erst Stichpunkte. Schreibe nun eine ausführliche Personenbeschreibung.

S. 40

Lernen lernen

Schreibkonferenz

1. Eine Gruppe von Autoren trifft sich am Tisch zur Schreibkonferenz. Der erste Autor liest seinen Text vor.

2. Die Berater äußern sich zum Inhalt des Textes. Sie überlegen, ob die Geschichte einen roten Faden hat.

3. Der Autor liest seinen Text noch einmal vor. Die Berater füllen gemeinsam ein Protokoll zur Schreibkonferenz aus. Dabei geben sie dem Autor Tipps zur Überarbeitung.

 ❶ Erinnert euch gemeinsam, was beim Planen und Schreiben einer Geschichte zu beachten ist. Fertigt ein Lernplakat an.

 ❷ Schreibe eine Geschichte zum Thema **Gespenster**.

 ❸ Führt eine Schreibkonferenz durch.

Strategien und Methoden → S. 140

Lernen lernen

Texte überarbeiten

Aufbau

Einleitung, Hauptteil und Schluss

Überprüfe die Reihenfolge und die Vollständigkeit deines Textes.

Verschiedene Satzanfänge

- Am … In …
- Als …
- Nun …
- Dann …
- Sie … Er …

Manchmal hilft es, die Satzglieder umzustellen.

Zeitform

Präsens oder Präteritum?

Bleibe immer bei einer Zeitform.

Ausdruck

– spannend
– lebendig
– interessant

Verwende abwechslungsreiche Verben, treffende Adjektive und wörtliche Rede. Schreibe auch über Gedanken und Gefühle.

1 Fadime hat eine Schulhausgespenst-Geschichte geschrieben. Prüfe den Text. Die Überarbeitungskarten oben helfen dir dabei.

> Das Gespenst im Schulhaus
> Plötzlich gab es keinen Strom mehr. Es passierten Dinge.
> Es raschelte und wackelte überall. Es sind überall Stimmen.
> Die Kinder unterhielten sich in der Pause darüber.
> Im Schulhaus fliegen Geister an den Kindern vorbei.
> An einem Montagmorgen im September war alles anders
> als sonst.

2 An welchen Stellen sollte der Text überarbeitet werden? Gebt Hinweise.

3 Überarbeite die Gespenstergeschichte.

→ S. 141 **Strategien und Methoden**

Hier kannst du noch üben

1 Bilde zusammengesetzte Adjektive.
Schreibe so: *grau wie eine Maus – mausgrau*

2 Ergänze die Vergleiche. Setze die passende Steigerungsstufe ein.

schwer   hart

Der Zwerg ist 20 kg ⬤.
Schneewittchen ist ⬤ der Zwerg.
Der König ist ⬤.

Der Apfel ist ⬤.
Die Nuss ist ⬤ der Apfel.
Der Stein ⬤.

3 Schreibe den Text mit Redezeichen richtig auf. Kennzeichne den Begleitsatz.

Der Kuckuck sprach zum Esel: Wieso singst du denn so schrecklich laut?
Der Esel antwortete: Damit ich deine grausame Stimme nicht höre.

4 Was hätte der Esel auch antworten können?

5 Vergleiche die Hexe mit der Fee und die Hexe mit dem Zauberer.
Unterstreiche die Vergleichswörter.

„Ich bin 111 Jahre alt." „Ich auch."

so ... wie
genauso ... wie
... als ...

Fördern   S. 41

Hier kannst du weiterlernen

Knuddel	Beschreibung	Muddel
3,90 m	Körpergröße	3,12 m
248 kg	Gewicht	287 kg
80	Schuhgröße	72
36	Alter	36

1. Vergleiche die beiden Riesen miteinander.
   Verwende die Steigerungsstufen der Adjektive und die Vergleichswörter.

2. Knuddel und Muddel unterhalten sich. Schreibe den Text richtig auf.
   Ergänze alle Satzzeichen und Redezeichen.   . : ! ? „ "

Knuddel hat Muddel zum Abendessen eingeladen Gemeinsam sitzen sie in der großen Holzhütte am Ofen Muddel meint Schön hast du es hier im Wald In meiner Höhle oben am Berg ist es nicht so gemütlich Knuddel antwortet Danke Ich habe für uns heute meine Waldpilzsuppe zubereitet Die esse ich am liebsten Isst du Pilze Muddel brummt Ja, aber mein Lieblingsessen ist Wildschwein Beide nehmen einen Löffel Suppe und sagen Mmhh, lecker

3. Fertige eine Personenbeschreibung zu Knuddel oder Muddel an.
   Die Bilder und Informationen von Aufgabe 1 und 2 helfen dir.

4. Was haben Knuddel und Muddel schon alles erlebt?
   Wähle drei Dinge aus der Truhe aus.
   Erfinde dazu eine Geschichte.
   Schreibe im Präsens oder im Präteritum.

S. 42   Fordern

Auf den Spuren der Natur

Sie war ein Blümlein

Sie war ein Blümlein hübsch und fein,
hell aufgeblüht im Sonnenschein.
Er war ein junger Schmetterling,
der selig an der Blume hing.
Oft kam ein Bienlein mit Gebrumm
und nascht und säuselt da herum.
Oft kroch ein Käfer kribbelkrab
am hübschen Blümlein auf und ab.
Ach Gott, wie das dem Schmetterling
so schmerzlich durch die Seele ging.
Doch was am meisten ihn entsetzt,
das Allerschlimmste kam zuletzt
ein alter Esel fraß die ganze
von ihm so heiß geliebte Pflanze.

Wilhelm Busch

Wie baut der Biber seine Burg? Beschreibe.

Beschreibe deine Lieblingswiesenpflanze.

Was musst du beim Beobachten von Tieren in der Natur beachten?

Warum sind die Tiere auf der Blumenwiese nützlich?

Beschreibe dein Lieblingstier.

Auf den Spuren der Natur

Zahlwörter

In einem Bienenvolk leben viele verschiedene Bienen. Jedes Volk hat nur eine Königin. Sie wächst innerhalb von wenigen Tagen durch besonders gute Fütterung heran. Man erkennt sie an ihrem langen, schlanken Hinterleib. Sie hat sechs Beine und zwei Paar Flügel. Ihre Lebensdauer beträgt etwa vier bis sechs Jahre.

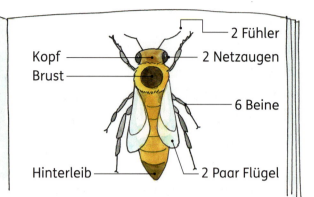

1 Lies den Text. Was erfährst du über eine Bienenkönigin?

2 Welche Wörter im Text geben eine Anzahl genau an?

3 Welche Wörter im Text geben eine Anzahl ungefähr an?

> Zahlwörter schreibst du klein.

> Wörter, die eine Anzahl genau angeben, nennen wir **bestimmte Zahlwörter**: *eins, drei, sechs, elf, zwölf.*
> Wörter, die eine Anzahl nur ungefähr angeben, nennen wir **unbestimmte Zahlwörter**: *viele, wenige, mehrere, einige.*

4 Schreibe die Rätsel ab. Unterstreiche bestimmte und unbestimmte Zahlwörter unterschiedlich.

> Mein Körper ist in zwei Teile gegliedert. Auffällig sind meine vier Paar Laufbeine. Ich bin kein Insekt. Ich fresse viele Fliegen und manche Käfer. Ich bin …

> Ich habe einen grünen Stiel mit mehreren hellgrünen Laubblättern. Meine Blüte besteht aus einem gelben Körbchen mit über hundert einzelnen Blütenblättern. Ich bin …

5 Erfindet selbst ein Tier- oder Pflanzenrätsel. Verwendet bestimmte und unbestimmte Zahlwörter.

→ S. 138

Auf den Spuren der Natur

Wörter mit aa, ee, oo

Eine Legende erzählt, dass vor 5 000 Jahren dem chinesischen Kaiser Shen-Nung ein paar Teeblätter durch einen Windstoß in einen Kessel mit kochendem Wasser gefallen sind. Dem Kaiser schmeckte der Tee ausgezeichnet. So entwickelte sich das Lieblingsgetränk der Chinesen. Im Mittelalter gelangte die Teepflanze auf Segelschiffen über verschiedene Meere nach Europa.
Tee wird heute in Japan, China und Indien angebaut und von Teepflückern geerntet.

1. Schreibe die Wörter mit doppelten Selbstlauten ab. Markiere die doppelten Selbstlaute.

2. Bilde zusammengesetzte Substantive mit den Wörtern der Wortleiste. Markiere die doppelten Selbstlaute.

3. Finde heraus, wann du **Paar** oder **paar** verwendest.

das Meer
das Moos
der See
die Beere
der Kaffee
das Paar
der Tee
der Zoo
paar

4. Sucht weitere Beispiele für **Paar** und **paar**.

Auf den Spuren der Natur

Adjektive mit -ig und -lich

Ein winziges Schaf mit Namen Liese
stand auf einer herrlichen Wiese.
Es war nicht nur sehr friedlich,
sondern auch besonders niedlich.
Meistens war es schrecklich hungrig
und ihm wurde dann so schummrig.
Doch das Gras war dort sehr saftig
und das Schaf fraß immer hastig.
Danach war es richtig kräftig,
das gefiel dem Bauern mächtig.

1. Schreibe das Gedicht ab. Unterstreiche alle Adjektive. Was stellst du fest?

2. Ordne die Adjektive nach ihren Nachsilben.
   Arbeite so:

-ig	-lich
winzig	...

   > Einige Adjektive erkennen wir an den Nachsilben **-ig** und **-lich**.
   > fertig, freundlich

fertig
fleißig
friedlich
hungrig
kräftig
richtig
freundlich
lustig
pünktlich

3. Verwende die Adjektive der Wortleiste in Wortgruppen.
   Schreibe so: die fertige Hausaufgabe, ...

4. Finde Wortpaare. Bilde dafür die passenden Adjektive.
   Markiere die Nachsilben.

   die Kraft | ? | der Hunger | ? | die Ordnung | das Recht
   kräftig | ? | die Lust | die Ruhe | der Freund | ?
   | | ? | ? | ? | der Punkt

70 → S. 136 S. 45

Auf den Spuren der Natur

Adjektive verwenden

groß   klein   dünn

1. Bilde Sätze. Verwende die Steigerungsstufen der Adjektive.
   Schreibe so: *Das Pferd ist groß. Der Elefant ist größer. Die Giraffe ist …*

2. Steigere die Adjektive.
   Arbeite so:

Grundstufe	Mehrstufe	Meiststufe
friedlich	…	…

   friedlich   kräftig   lustig   viel   gut

3. Setze die Adjektive passend im Text ein.

   weiß   glücklich   weich   knackig   lang
   klein   kurz   niedlich   lieb   frisch

   Fadime ist sehr ⬡. Sie hat zum Geburtstag einen ⬡ Hasen geschenkt bekommen.
   Sein Fell ist ⬡. Es ist noch ⬡ als das Fell ihres Katers. Die Schlappohren sind sehr ⬡.
   Der Stummelschwanz ist ⬡.
   Der ⬡ Hase frisst gern ⬡ Heu.
   Aber ⬡ knabbert er ⬡ Möhren.

Auf den Spuren der Natur

Satzglieder umstellen

| der alte Apfelbaum | blüht | jedes Jahr | im Garten |

1 Bilde mit den Satzgliedern einen Satz.
Stelle die Satzglieder mehrfach um und bilde weitere sinnvolle Sätze.

2 Stelle die Sätze mehrfach um. Welche Wörter bleiben zusammen und bilden gemeinsam ein Satzglied? Kennzeichne mit Strichen |.

In Schweden steht der älteste Baum der Welt.
Es ist eine Fichte.
Sie ist zehntausend Jahre alt.
Der Baum gibt den Forschern viele Hinweise zum Klimawandel.

> Achte auf den Satzanfang und die Satzschlusszeichen.

3 Stelle die Satzglieder in Neles Sätzen so um, dass der Text interessanter klingt.
Jeder Satz soll anders beginnen, z. B. mit einem Personalpronomen.

*Der älteste Drachenbaum steht im Norden Teneriffas.
Der älteste Drachenbaum ist ungefähr 400 Jahre alt.
Der älteste Drachenbaum ist 17 Meter hoch.
Der älteste Drachenbaum hat einen Stammumfang von sechs Metern.
Der älteste Drachenbaum ist das Wahrzeichen der Insel.
Der älteste Drachenbaum ist ein beliebtes Fotoobjekt.*

von Nele

Auf den Spuren der Natur

Verbformen – Zeitformen

Oft weht ein eisiger Wind durch die Straßen.
Aber der Wind pustet auch warme Luft ins Land.
Er bewegt Windräder und erzeugt dadurch Energie.

Früher nutzte besonders der Müller die Kraft des Windes.
Er mahlte in der Mühle Getreide. Das war eine schwere Arbeit.
Der Müller hatte immer viel zu tun.

 1 Finde alle Verben im Text und ordne sie. Ergänze die fehlenden Formen.
Arbeite so:

Präsens	Präteritum	Grundform
er weht	er …	…

 2 Schreibe zu jedem Verb aus dem Windrad die Verben im Präsens und Präteritum auf.
Arbeite so:
singen: ich singe, ich sang, er singt, er sang

 3 Schreibe den Text ab und setze die Verben im Präteritum ein.

tragen   fahren   bringen   schütten   backen   kommen

Der Bauer ▭ das Getreide zur Mühle.
Der Müller ▭ die Säcke in die Kornkammer.
Anschließend ▭ er die Körner in das Mahlwerk.
Unten ▭ das Mehl heraus.
Dieses ▭ er zum Bäcker.
Der Bäcker ▭ aus dem Mehl Brot und Brötchen.

Auf den Spuren der Natur

Wörter mit ä und äu

1 Was kannst du alles auf einer Wiese beobachten? Erzähle.
Warum sind Wiesen nützlich?

2 Lies den Text. Schreibe alle Wörter mit **ä** und **äu** heraus. Arbeite so:

Wörter mit ä	Wörter mit äu
wärmer	Sträucher

Wenn es im Frühling wärmer wird, kannst du viele Sträucher und auch häufig Blumenwiesen erblühen sehen. Wiesen sind wichtige Lebensräume vieler kleiner Tiere. Auf der Wiese sind Pflanzen und Tieren voneinander abhängig. So brauchen die Blumen Hummeln, Bienen und Schmetterlinge für die Bestäubung.

3 Welche Wörter gehören zur Wortfamilie **-raum-**?
Rahme den Wortstamm ein.

| räumen | die Raumfahrt | die Traumwelt | räumlich |
| ich räume | das Raumschiff | das Zimmer | wegräumen |

das Geschäft
das Rätsel
glänzen
aufräumen

4 Begründe die Schreibweise mit einem verwandten Wort mit **a** oder **au**. Arbeite so: *schaffen → also Geschäft mit ä, …*

Gesch ä/e ft   aufr äu/eu men   z ä/e hlen

gl ä/e nzen   R ä/e tsel

Der Wortstamm ist ähnlich. Aus a wird ä, aus au wird äu.

5 Finde verwandte Wörter. Rahme den Wortstamm ein.

der Hang   die Angst   der Haufen   die Haut

Auf den Spuren der Natur

Informationen aus Sachtexten entnehmen

Fossilien sind versteinerte Überreste aus längst vergangenen Zeiten.
Ein Fossil kann eine zu Stein gewordene Pflanze sein. Manchmal ist es sogar ein Fußabdruck eines Dinosauriers, oft aber auch ein Skelett eines Tieres.
Das Fossil eines Fisches entsteht, wenn das tote Tier auf den Meeresboden sinkt.

Dort wird es mit Schlamm zugedeckt.
Das Fleisch löst sich auf. Knochen und Schuppen bleiben erhalten.
Über viele Jahre legen sich mehrere Kalkschichten über den toten Fisch und die Versteinerung bleibt erhalten.
Daher sind solche Skelette oft zwischen verschiedenen Gesteinsschichten versteckt.

1. Lies den Text. Was erfährst du über Fossilien?
2. Lies den Text noch einmal und schreibe wichtige Informationen als Stichpunkte heraus.
3. Finde weitere Informationen über Fossilien in Sachbüchern, Zeitschriften oder im Internet.
4. Bereite mit Hilfe von Stichpunkten einen Vortrag über Fossilien vor. → S. 79

Auf den Spuren der Natur

Wörter mit h am Silbenanfang

| dre | glü | zie | | hen |
| ge | blü | we | | |

> Wenn du deutlich sprichst, kannst du das h hören.

1. Setze die Silben zu Verben zusammen. Setze Silbenbögen.

2. Schreibe die Substantive in der Einzahl und in der Mehrzahl auf.
   Arbeite so: *das Reh, die Rehe*

   die Kuh   die Reihe   die Zehe   der Schuh   die Krähe

3. Bilde zu jedem Bild einen Satz. Nutze die Verben von Aufgabe 1.

die Reihe
drehen
glühen
gehen
wehen

4. Ergänze die Sätze und schreibe den Text mit Hilfe der Wortkarten zu Ende.

   die Reihe   gehen   wehen   blühen   sehen

   drehen   glühen   die Rehe

Heute macht die Klasse ein Picknick.
Die Kinder ▭ auf eine Wiese.
Alle stellen sich in einer ▭ auf. …

76

Auf den Spuren der Natur

Wörter mit Dehnungs-h

Im Dachstuhl alter Häuser wohnen zahlreiche Fledermäuse.
Im Sommer bekommen die Weibchen dort ihre Jungen.
Manchmal schlüpfen sie auch in hohle Mauerwerke.
Sie nehmen diese kühlen Höhlen gern.
Es gibt viele verschiedene Arten von Fledermäusen.
Dazu zählen die großen Flughunde, aber auch winzig kleine
Tiere, wie die Hummelfledermäuse.
Fledermäuse sind gefährdet und müssen
geschützt werden.

Wörter mit hl, hm, hn und hr musst du dir gut merken.

1. Suche im Text alle Wörter mit Dehnungs-h heraus.
   Wie wird der Selbstlaut vor dem Dehnungs-h gesprochen?
   Markiere mit • oder _. Setze Silbenbögen.
   Arbeite so:

hl	hm	hn	hr
Dachstuhl	...	...	...

2. Bilde zusammengesetzte Substantive. Unterstreiche das
   Grundwort. Markiere **hl**, **hm**, **hn** und **hr**. Setze Silbenbögen.

   die Erzählung   der Verkehr   das Fahrrad   das Ohr

   der Rahmen   der Fehler   die Wohnung

3. Ergänze die Wortgruppen mit Wörtern der Wortleiste.
   Markiere **hl**, **hm**, **hn** und **hr**.

   eine ▭ Nacht, ein ▭ Baumstumpf, ▭ Kinder, gern
   Fahrrad ▭, lange Geschichten ▭, im Haus ▭

4. Finde verwandte Wörter zu den Wörtern der Wortleiste.
   Rahme immer den Wortstamm ein. Setze Silbenbögen.

nehmen
der Fehler
fröhlich
fahren
die Wohnung
ähnlich
erzählen
hohl
kühl
wohnen
der Rahmen

Lernen lernen

Stichpunkte anfertigen

| 1. Lies den Text genau. | 2. Finde wichtige Informationen im Text. | 3. Fertige Stichpunkte an. |

Das ist sehr wichtig: Fledermäuse sind Säugetiere, die fliegen können.

– Säugetiere
– können fliegen
– …

Fledermäuse sind die einzigen Säugetiere, die fliegen können. Die kleinste Fledermausart ist die Hummelfledermaus. Sie hat ein Gewicht von nur zwei Gramm. Fledermäuse besitzen ein dichtes und seidiges Fell. Meistens ist es grau bis braun oder schwärzlich gefärbt. Ein besonderes Merkmal bei Fledermäusen ist die Haut zwischen ihren Hand- und Fußgelenken. Fledermäuse ernähren sich von Insekten. Größere Arten fressen auch kleinere Säugetiere. Fledermäuse sind in der Regel nachtaktive Tiere. Zum Schlafen ziehen sie sich am Tag in Höhlen, Felsspalten oder Baumhöhlen zurück.
Im Winter halten Fledermäuse mehrere Monate einen tiefen Winterschlaf.

1 Fertige mit Hilfe des Sachtextes Stichpunkte an.

2 Suche weitere Informationen zu Fledermäusen in Büchern, Zeitschriften oder im Internet. Schreibe Stichpunkte auf.

3 Informiere dich zu einem Tier oder einer Pflanze. Nutze Sachtexte in Büchern, Zeitschriften oder im Internet. Fertige Stichpunkte an.

Ein Stichpunkt ist ein Wort oder eine Wortgruppe. Stichpunkte fassen die wichtigsten Informationen zusammen.

Strategien und Methoden → S. 141

Lernen lernen

Einen Vortrag halten

1. Sammle Material zum Thema:
   – Nutze Bücher, Zeitschriften oder das Internet.
   – Suche auch passende Bilder oder Gegenstände zum Thema aus.

2. Finde wichtige Informationen:
   – Fertige Stichpunkte an.
   – Befrage Experten.
   – Stelle das Thema anschaulich dar.

3. Übe deinen Vortrag:
   – Nutze deine Stichpunkte.
   – Sprich in Sätzen.
   – Beachte die richtige Reihenfolge.
   – Sprich laut und deutlich.

4. Halte deinen Vortrag:
   – Nenne das Thema.
   – Halte Blickkontakt zu deinen Zuhörern.
   – Nutze deine Stichpunkte.
   – Präsentiere interessantes Material.
   – Bitte um Nachfragen.

– Säugetiere
– können fliegen
– …

Heute erfahrt ihr viel Interessantes über Fledermäuse …

1 Bereite einen Vortrag vor und halte ihn vor deiner Klasse.

2 Findet weitere Merkmale für einen guten Vortrag.

3 Schätzt eure Vorträge ein und bewertet euch gegenseitig.

→ S. 142   **Strategien und Methoden**

Hier kannst du noch üben

1 Bilde zusammengesetzte Substantive mit **aa**, **ee** oder **oo**.
Unterstreiche das Grundwort und den Artikel.

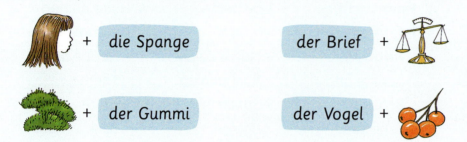

2 Entschlüssle die Geheimschrift. In allen Wörtern gibt es ein **aa**, **ee** oder **oo**.

ein tiefer ESE   ein langer LAA   eine ERLEE Flasche   eine Tasse ETE

das kurze AAHR   das weiche OSMO   der heiße AFFKEE   der große OZO

3 Finde zu den Substantiven die passenden Adjektive mit **-ig** und **-lich**.
Schreibe so: *der Frieden – friedlich, …*

der Frieden   der Fleiß   die Lust   der Hunger   der Freund

die Kraft   das Recht   der Punkt   die Angst

4 Bilde Sätze. Verwende die Steigerungsstufen des Adjektivs.

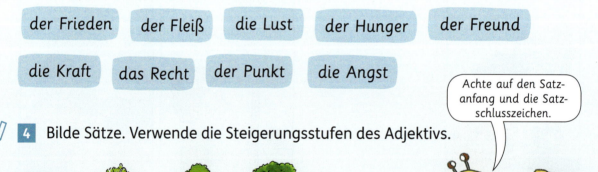

Achte auf den Satzanfang und die Satzschlusszeichen.

5 Stelle den Satz dreimal um.
Finde die Satzglieder und kennzeichne mit Strichen |.

Fledermäuse verbringen den Winter in alten Scheunen.

Fördern   S. 49

Hier kannst du weiterlernen

1 Schreibe alle Wörter mit **hl**, **hm**, **hn** und **hr** geordnet auf.

In diesem Jahr fährt die Klasse 3 mit der Bahn
in den Harz. Dort wollen sie eine Höhle besichtigen.
Alle sind pünktlich am Bahnhof.
Tim zählt nach, ob noch Kinder fehlen.
Alle nehmen ihre Rucksäcke und steigen ein.
„Lukas! Drängel doch nicht so!", ruft Paula.

2 Bilde verwandte Adjektive. Rahme den Wortstamm ein.
Unterstreiche die Endung **-ig** oder **-lich**.

hungern   ärgern   punkten   trauern

3 Bilde zu den Bildern Sätze.
Nutze die Wortkarten und die Adjektive von Aufgabe 2.

wenig   zahlreich   häufig   viel

4 Lies den Text. Fertige Stichpunkte an.
Sammle weitere Informationen zu Schmetterlingen.

Schmetterlinge sind Insekten. Zur Schmetterlingsfamilie gehören Tag- und Nachtfalter. Tagfalter sind an ihren leuchtenden Flügelfarben gut erkennbar. Alle Schmetterlinge haben sechs Beine, einen Kopf, eine Brust und einen Hinterleib. Schmetterlinge ernähren sich von Nektar, Baumsaft, Honigtau oder dem Saft von Fallobst. Sie legen Eier, aus denen nimmersatte Raupen schlüpfen. Diese verwandeln sich später in Puppen. Nach einigen Wochen entwickeln sich daraus schöne Schmetterlinge. Leider leben viele Schmetterlinge nur ein paar Tage oder Wochen.

5 Halte einen Vortrag zum Thema Schmetterlinge.

Fordern

Hier und anderswo

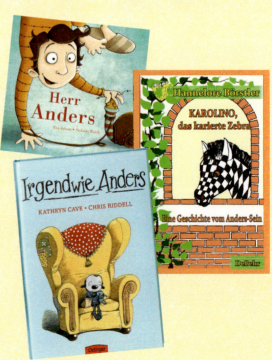

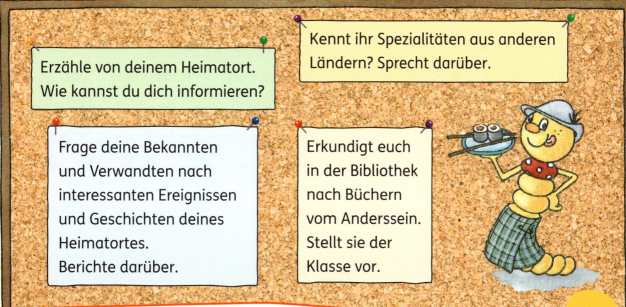

Erzähle von deinem Heimatort. Wie kannst du dich informieren?

Kennt ihr Spezialitäten aus anderen Ländern? Sprecht darüber.

Frage deine Bekannten und Verwandten nach interessanten Ereignissen und Geschichten deines Heimatortes. Berichte darüber.

Erkundigt euch in der Bibliothek nach Büchern vom Anderssein. Stellt sie der Klasse vor.

Hier und anderswo

Wege beschreiben

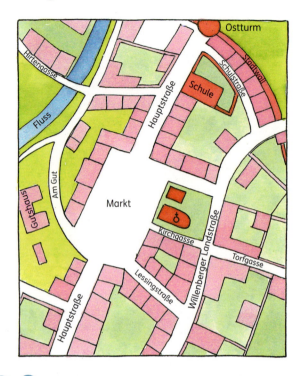

1. Vergleicht die Stadtpläne miteinander. Welche Gemeinsamkeiten und Unterschiede entdeckt ihr?

2. Beschreibe den Weg von der Schule zum Schwimmunterricht: früher zum Fluss und heute zum Schwimmbad. Schreibe Stichpunkte auf.

3. Lukas wohnt im Haus seiner Großeltern. Hier hat schon seine Oma ihre Kindheit verbracht. Beschreibe den Schulweg von Lukas heute im Präsens und den von seiner Oma früher im Präteritum.

Mein Schulweg früher war ein ganz anderer. ...

Auf meinem Schulweg starte ich in der Hirtengasse. Dann laufe ich geradeaus Richtung Westen und biege rechts ...

4. Schreibt Wege-Rätsel: Ein Kind beschreibt den Startpunkt und den Weg. Das andere Kind nennt das Ziel, zu dem der Weg geführt hat.

Hier und anderswo

Wörter mit ss

Hallo Frieda,
wir sind an diesem Fluss zum Kanufahren. Am ersten Tag bin ich ins Wasser gefallen und war pitschenass. Von Tag zu Tag werde ich besser. Wir essen viel Fisch. Zum Abschied werde ich mein Nussschalenboot schwimmen lassen. Liebe Grüße, deine Kim

An
Frieda Fischer
Blumenstraße 3
04040 Leipzig

Fluss   Fuß

1 Schreibe alle Wörter mit **ss** ab. Markiere den Selbstlaut vor **ss**.

2 Wer findet die meisten verwandten Wörter? Rahme immer den Wortstamm ein.

nass   Wasser   flüssig   messen

3 Bilde sinnvolle Verben. Erkläre ihre Bedeutung in einem Satz.

auf   mit   essen   passen
ab   zu   über   messen   lassen

besser
vergessen
essen
das Messer
nass
wissen
die Tasse
die Nuss
der Fluss
passen
messen
lassen
bisschen

4 Ergänze den Lückentext mit Verben der Wortleiste.

Die Schwimmweste ⬚ Kim wie angegossen. Sie ⬚ ein Thermometer in das Wasser und ⬚ die Wassertemperatur. Kim beobachtet die Fische und ⬚ dabei die Zeit. Nun ⬚ sie mehr über den Fluss und seine Bewohner. Am Lagerfeuer …

5 Was macht Kim mit ihrer Familie am Lagerfeuer? Schreibe einen Text. Verwende die Wörter der Wortleiste.

Hier und anderswo

Fremdwörter

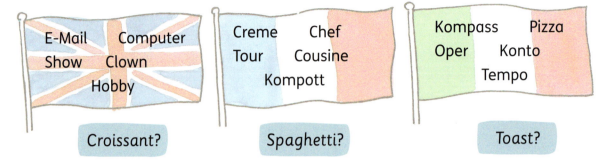

 1 Ordne richtig zu und schreibe ab. Schreibe so:
englische Sprache: die E-Mail, …
französische Sprache: die Creme, …
italienische Sprache: der Kompass, …

Diese Wörter musst du dir merken oder nachschlagen.

Fremdwörter sind Wörter, die wir aus anderen Sprachen ins Deutsche übernommen haben. Sie haben häufig eine besondere Schreibweise und Aussprache.
der Clown, die Tour, das Konto

2 Ordne die Wörter der Wortleiste nach dem Alphabet.

3 Finde zu jedem Substantiv ein passendes Verb. Rahme den Wortstamm ein.

der Clown
das Theater
das Hobby
reparieren
die Pyramide
das Xylophon
der Computer
die E-Mail
organisieren

4 Fremdwörter finden: Sucht die richtige Lösung. Antwortet im Satz. Formuliert eigene Rätsel zu Fremdwörtern dieser Seite.

| Es ist ein Schlaginstrument und besteht aus Holz. | Sie ist die Tochter meiner Tante und meines Onkels. |

→ S. 136   S. 53

Hier und anderswo

Ein Rezept schreiben

Italienische Pizza

Zutaten:
Teig: 600 g Mehl, ½ TL Salz, 1 Prise Zucker, 40 g Hefe,
        250 ml Wasser, 6 EL Olivenöl
Soße: 2 Dosen geschälte Tomaten, Salz, Pfeffer, Oregano
Belag: Tomaten, Paprika, Salami, Käse

Zubereitung:
1. Vermische Mehl, Salz und Zucker in einer Schüssel. Gib die Hefe in lauwarmes Wasser. Schütte die Hefe mit dem Wasser und dem Öl in die Schüssel und knete alles zu einem glatten Teig. Lass den Teig zugedeckt etwa 30 Minuten gehen.
2. Knete den Teig noch einmal durch. Fette das Blech mit etwas Öl ein. Rolle den Teig auf dem Blech aus.
3. Zerkleinere die geschälten Tomaten und würze die Soße mit Salz, Pfeffer und Oregano. Verteile die Tomatensoße auf dem Teig.
4. Lege die zugeschnittenen Zutaten (Paprika, Tomaten und Salami) auf den Teig. Streue zum Schluss den Käse darüber.

Schieb die Pizza für 20 Minuten in den vorgeheizten Ofen (200 Grad)!

Tipp: Belege deine Pizza mit einem Belag deiner Wahl.

Guten Appetit!

Rezept nennen (Überschrift)

Zutaten mit Mengenangaben

Zubereitung: Arbeitsschritte in der richtigen Reihenfolge

Tipps

Achte bei einem Rezept auf Aufforderungen und kurze, verständliche Sätze.

1 Zeige an Beispielen aus dem Pizza-Rezept, dass die Merkmale des Bauplans beachtet wurden. Benenne die Arbeitsschritte.

2 Schreibe dein Pizza-Rezept mit dem Computer. Ergänze eigene Zutaten und weitere Arbeitsschritte.

Gemüse waschen   Belag zuschneiden

3 Schreibe ein Rezept zu einer Fantasie-Pizza, z. B. zu einer Strandpizza oder Kinopizza.

Fitnesspizza

Hier und anderswo

Subjekt

Italien sieht auf der Landkarte aus wie ein Stiefel.
Die Hauptstadt Rom liegt in der Nähe der Mittelmeerküste.
Julius Cäsar regierte als Kaiser im alten Rom.
Im Norden Italiens befindet sich *der Gardasee*.

Was sieht auf der Landkarte aus wie ein Stiefel?

Italien sieht auf der Landkarte aus wie ein Stiefel.

1 Stellt Fragen nach den markierten Wörtern und gebt Antworten.

2 Schreibe die Fragen und Antworten auf.
Unterstreiche das Fragewort und das Lösungswort in der Antwort.

> Jeder Satz besteht aus Satzgliedern. Ein Satzglied ist immer das **Subjekt**.
> Mit der Frage **Wer oder was …?** fragst du nach dem **Subjekt**.
> <u>Wer oder was</u> sieht auf der Landkarte aus wie ein Stiefel? – <u>Italien</u>
> <u>Wer oder was</u> regierte als Kaiser im alten Rom? – <u>Julius Cäsar</u>

3 Erfrage in jedem Satz das Subjekt.
Arbeite so:
<u>Wer oder was</u> liegt südöstlich von Deutschland?
<u>Österreich</u> liegt südöstlich von Deutschland.

Österreich liegt südöstlich von Deutschland. Durch die Hauptstadt Wien fließt die Donau. Wolfgang Amadeus Mozart wurde in Salzburg geboren. Urlauber können in den österreichischen Alpen prima wandern oder Ski fahren.

4 Schreibe einen kurzen Text über Deutschland. Nutze die Satzanfänge.
Deutschland liegt … Im Norden befindet sich … Die Hauptstadt heißt …

5 Tauscht eure Texte aus Aufgabe 4 aus. Arbeitet wie in Aufgabe 3.

Hier und anderswo

Prädikat

Max schreit vor Aufregung in der Achterbahn.
Paula und ihr Vati wandern zum Brocken.
Lilli fährt mit dem Schiff auf der Elbe.
Leon besucht ein Museum in Hamburg.

1. Schreibe die Sätze als Wendediktat.
   Kontrolliere und berichtige. → S. 93

2. Erfrage in jedem Satz, was die Personen tun.
   Kreise die Antwort im Satz ein.

Prädikate sind immer Verben im Satz.

> Jeder Satz besteht aus mehreren Satzgliedern.
> Ein Satzglied davon ist immer das **Prädikat**.
> Mit der Frage **Was tut …?** oder **Was tun …?** fragst du nach dem **Prädikat**.
>
> *Was tut Max vor Aufregung in der Achterbahn? – Er (schreit).*
> *Was tun Paula und ihr Vati? – Sie (wandern).*

3. Erfrage in jedem Satz das Prädikat.
   Arbeite so:
   Was tun Fadime und Tim?
   Sie (fahren) mit Inlineskates.

Fadime und Tim fahren mit Inlineskates.
Fadime trägt ihre neuen Ellenbogenschützer.
Tim übt einige Tricks.
Fadime klatscht voller Anerkennung.
Gemeinsam rollen sie nach Hause.

4. Was tust du gern? Schreibe einige Sätze auf.

5. Tauscht eure Sätze aus. Arbeitet wie in Aufgabe 3.

Hier und anderswo

Satzkern

Paula spielt Fußball im Verein.
Emma reitet jede Woche auf ihrem Pony Krümel.
Lukas erzählt lustige Witze.
Kim und Jan lesen viele Bücher.

1 Schreibe die Sätze ab. Erfrage in jedem Satz Subjekt und Prädikat. Unterstreiche und kreise ein.

2 Schreibe aus jedem Satz Subjekt und Prädikat heraus. Schreibe so: *Paula spielt.*

> Sätze bestehen aus Satzgliedern. Jeder Satz hat ein Subjekt und ein Prädikat.
> Subjekt und Prädikat bilden den **Satzkern**.
> *Paula spielt Fußball im Verein. – Paula spielt.*
> *Kim und Jan lesen viele Bücher. – Kim und Jan lesen.*

3 Erfrage in jedem Satz Subjekt und Prädikat. Unterstreiche und kreise ein. Schreibe den Satzkern auf.

Herr Anders duscht morgens mit Himbeersirup.
Er isst gern Telefon mit Quark. Seine Zähne putzt er mit Schokocreme.

4 Bilde Sätze. Erfrage Subjekt und Prädikat. Unterstreiche und kreise ein. Schreibe den Satzkern auf.

Aladin — malt — mit seinem neuen Freund — seine blauen Wunschpunkte — fliegt — Bilder — über den Wolken — Irgendwie Anders — zählt — auf seinem Teppich — das Sams

5 Findet lustige Sätze wie in Aufgabe 3.

→ S. 137   S. 56

Hier und anderswo

Wörter mit ih und ie

Der Frieden

Die Angst vor Streit und Hass und Krieg
lässt viele oft nicht ruhn.
Doch wenn man Frieden haben will,
muss man ihn selber tun.

Vom Frieden reden, hilft nicht viel,
auch nicht, dass man marschiert.
Er kommt wie Lachen, Dank und Traum,
schon wenn man ihn probiert.

Eva Rechlin

1 Lies das Gedicht. Was bedeutet Frieden?

2 Schreibe alle Wörter mit **ih** und **ie** aus dem Gedicht auf.
   Ergänze mit Wörtern der Wortleiste. Markiere **ih** und **ie**.

3 Setze die Wörter passend in den Lückentext ein.

ihnen   ihre   ihrer   ihm   ihr

Walid aus Afghanistan wünscht sich Frieden. ▭ liegt viel
daran. Seine Familie und er leben in Angst. Es geht ▭
nicht so gut. Nadja lebt mit ▭ Familie in Sibirien.
▭ Schwester Darja ist vier Jahre jünger. Oft ist ▭ kalt.

4 Was macht Kinder glücklich und zufrieden?
   Bilde Sätze aus den Wortgruppen.
   Schreibe auf, was dich glücklich macht.
   Schreibe so: *Kinder sind glücklich, wenn …*

zum Geburtstag gratulieren   liebe Freunde haben
keine Schwierigkeiten in der Schule   an einer schönen Blume riechen

Wortleiste:
der Frieden
gratulieren
das Papier
riechen
schwierig
die Miete
frieren
niemand
schieben
tief
das Ziel
verlieren
viel
ihre
ihren

Hier und anderswo

Geheimschriften und verschlüsselte Botschaften

1. Löse das Bilderrätsel mit Hilfe der Anfangsbuchstaben der Wörter.

2. Gestalte ein eigenes Bilderrätsel zu einer Sehenswürdigkeit. Lass andere raten.

3. Entschlüsselt die Botschaft. Erklärt, wie diese Geheimschrift funktioniert. Bildet ein eigenes Beispiel.

W a o b l c l d e e n w f i g r v h e i r j r k e l i m s n e o n?

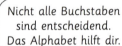
Nicht alle Buchstaben sind entscheidend. Das Alphabet hilft dir.

4. Für diese Geheimschrift brauchst du ein Hilfsmittel, um sie zu entschlüsseln. Schreibe die Botschaft auf.

und habe ich alles richtig erkannt.
Spiegelein, Spiegelein in meiner Hand,

5. Entschlüssle diese Schriften. Schreibe die Sätze auf. Hinter jeder Zeile versteckt sich ein anderer Trick. Probiere es selbst aus.

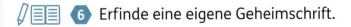

.lesnI red greB netshcöh ned fua trettelk sakuL

Nulu luugt zwuschun zwuu Kukuspulmun un uunur Hungumuttu.

6. Erfinde eine eigene Geheimschrift.

Lernen lernen

Diktatformen

Wendediktat

Lies das Diktat. Merke dir einige Wörter oder kurze Sätze und blättere um. Führe eine Strichliste, wie oft du das Blatt umgedreht hast. Kontrolliere und berichtige.

Satzzeichendiktat

Bei diesen Diktaten fehlen alle Satzzeichen: Punkt, Fragezeichen, Ausrufezeichen, Komma, Doppelpunkt und Redezeichen. Setze sie beim Abschreiben an den richtigen Stellen ein. Kontrolliere und berichtige.

Tütendiktat

Schreibe die Lernwörter auf Kärtchen und lege sie in die Tüte. Ziehe ein Kärtchen und diktiere es deinem Partner. Diktiert abwechselnd. Kontrolliert und berichtigt.

Wenn du statt der Tüte eine Dose nimmst, ist es ein Dosendiktat.

1. Welche Diktatform ist für dich am besten geeignet? Begründe.
2. Schreibe den Postkartentext von Seite 85 als Wendediktat.
3. Schreibt alle Wörter der Wortleisten in diesem Kapitel auf Wortkarten. Schreibt als Tütendiktat.
4. Schreibt als Satzzeichendiktat. Vergleicht und berichtigt in der Gruppe.

Die Mutter sagt zu ihrem Sohn Kannst du bitte schnell den Salzstreuer auffüllen Eine Stunde später kommt der Junge schluchzend und schniefend aus der Küche und beschwert sich Ich schaffe es einfach nicht Es ist zu schwer das Salz durch die Löcher zu stopfen.

→ S. 142   Strategien und Methoden

Hier kannst du noch üben

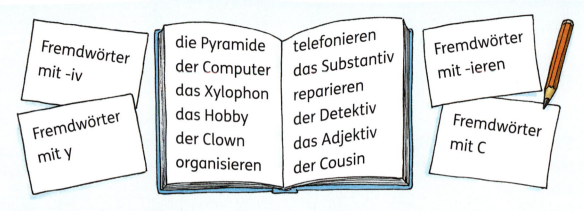

✏️ **1** Ordne die Fremdwörter.

✏️ **2** Finde zu jedem Wort Reimwörter. Markiere **ss**.

die Kasse   messen   der Kuss   das Fass   das Kissen   passen

✏️ **3** Ergänze die Tabellen. Markiere **ie**.

Substantiv	Verb
der Schieber	...
...	miesen
das Ziel	...

Substantiv	Adjektiv
die Tiefe	...
...	friedlich
die Schwierigkeit	...

✏️ **4** Schreibe als Wendediktat.
Erfrage in jedem Satz Subjekt und Prädikat.
Unterstreiche und kreise ein.

Der Bücherwurm reist oft in fremde Länder.
Er packt seinen Koffer.
Der Reisehut steht ihm gut.
Die Kinder erhalten eine Postkarte von ihm.

Subjekt und Prädikat bilden den Satzkern.

✏️📖 **5** Lass den Bücherwurm eine Postkarte schreiben.
Schreibe so: *Liebe Klasse 3,
ich bin ...*

Fördern   📖 S. 59

Hier kannst du weiterlernen

 1 Entschlüssle die Fremdwörter.

oueCmrpt   nniieeorrasg   eiaydrmP   eheTart   mhuhysRt

 2 Gestaltet eigene Schüttelwörter. Nutzt die Fremdwörter von Seite 86 oder ein Fremdwörterbuch. Lasst euren Partner raten.

3 Schreibe mit jedem Verb einen Satz. Erfrage Subjekt und Prädikat. Unterstreiche und kreise ein. Schreibe den Satzkern auf.

verlieren   gratulieren   riechen   frieren

 4 Finde zu jedem Verb von Aufgabe 3 ein Substantiv. Rahme den Wortstamm ein und markiere die Veränderung.

5 Tim hat beim Schreiben der E-Mail die Umschalttaste und die Satzzeichen nicht benutzt. Schreibe als Satzzeichendiktat und verbessere die Großschreibung.

6 Informiere dich über die Zutaten und die Zubereitung von Stockbrot. Schreibe ein Rezept.

S. 60   **Fordern**

Unsere Erde, unser Zuhause

Wasser braucht der Wasserfloh

Wasser braucht der Wasserfloh
und das Nilpferd ebenso.
Wasser braucht der Wasserhahn,
dass sich jeder waschen kann.
Und am Baum ein jedes Blatt
wächst nur, wenn es Wasser hat.
Wasser braucht die ganze Welt,
weil es uns am Leben hält.
Wasser, Wasser, klar und hell!
Wasser, Wasser, Lebensquell!
Viele tausend Wasser fließen fern und nah
Wasser ist für alle da.

Monika Ehrhardt

Wie kannst du die Umwelt schützen?

Wasser sparen!

Benutze beim Zähneputzen einen Becher!

Müll trennen!

Wirf den Joghurtbecher in den Plastikmüll!

Licht aus!

Schalte nur die Lampen ein, die du als Lichtquelle benötigst.

Papier sparen!

Schreibe deine Heftseiten voll.

- Woran erkennst du im Gedicht, dass Wasser kostbar ist?
- Was hast du schon alles am oder im Wasser erlebt? Erzähle.
- Beschreibe die Schönheiten der Natur auf unserer Erde. Welche Gefahren drohen?
- Kinder als Umweltschützer – welchen Beitrag kannst du leisten?

Unsere Erde, unser Zuhause

Diskutieren und Meinungen begründen

 1 Spielt die Situation nach.

2 Diskutiert die Situation. Sammelt verschiedene Meinungen.

3 Immer mehr Wiesen und Felder werden bebaut. Wie findest du das? Begründe deine Meinung. Die Satzanfänge helfen dir.

Ich finde es nicht richtig, weil …	Ich bin der Meinung, dass …
Ich bin anderer Meinung, weil …	Ich denke, dass …

4 Diskutiert über diese Schilder. Wann und wo sind die Schilder notwendig? Begründe deine Meinung.

In einer Diskussion vertritt jeder seine eigene Meinung.

5 Gestalte eigene Verbotsschilder.

Unsere Erde, unser Zuhause

Einen Erlebnisbericht schreiben

Wann? (Zeitpunkt)

Wo? (Ort des Geschehens)

Wer? (handelnde Personen und Tiere)

Was? (Ablauf des Geschehens)

> Lernen im Selketal
> Im April wanderte unsere Klasse 3a auf dem Naturlehrpfad Selketal im Harz.
> Auf insgesamt 13 Schautafeln gab es auf dem Weg Informationen rund um den Lebensraum Selketal. Wir erfuhren viel Interessantes über Pflanzen, Tiere und Gesteine. Einige Kinder entdeckten einen Eisvogel. Nele sah eine Kreuzotter. Alle Kinder fanden diesen Tag toll.
> Anton, Klasse 3a

1 Lies Antons Bericht. Beantworte die W-Fragen des Bauplans in Stichpunkten.

2 Suche alle Verben aus Antons Bericht heraus. In welcher Zeitform stehen sie? Begründe.

3 Schreibe aus diesen Angaben einen Bericht im Präteritum. Denke an eine interessante Überschrift.

- Besuch der Öko-Schule
- am 19. März
- Klasse 3
- verschiedene Baumarten und seltene Vögel kennengelernt
- Informationen über Waldsterben
- schädliche Abgase
- Tierwelt bedroht, da Wälder abgeholzt werden
- alle Kinder sehr interessiert
- viele Fragen gestellt

4 Schreibe einen Bericht über ein Klassenerlebnis.

S. 68

Unsere Erde, unser Zuhause

Wörter mit tz

Am Sonntag geht Paula ins Freibad.
Sie schwitzt sehr und springt ins Wasser.
Dabei spritzt sie eine Frau nass.
Blitzschnell springt die Frau auf und
schaut das Mädchen sehr verdutzt an.
Plötzlich blitzt es am Himmel.
Paula packt ihre Sachen und sucht Schutz.

1 Schreibe alle Wörter mit **tz** ab und markiere **tz**.
Wie wird der Selbstlaut vor **tz** gesprochen? Markiere mit • oder —.

2 Schreibe die Sätze ab und ergänze passende Reimwörter. Markiere **tz**.

Am Himmel sehe ich einen Blitz.
Mein Vater macht gerne einen ⬚.

An meiner Hose ist oft Schmutz.
Bei Gewitter suche ich schnell ⬚.

Mein Opa trägt nie eine Mütze.
Mein Bruder springt gern in die ⬚.

Ich sitze still auf meinem Platz.
Dort schreib' ich einen ganzen ⬚.

3 Finde zu jedem Verb ein verwandtes Wort.
Rahme immer den Wortstamm ein.

| blitzen | schützen | putzen |
| spritzen | kratzen | sitzen | besetzen |

der Schmutz
die Pfütze
kratzen
setzen
schmutzig
schützen
besetzt
spritzen
zuletzt
jetzt

4 Schreibe einen Reim wie in Aufgabe 2 mit Wörtern
der Wortleiste.

Unsere Erde, unser Zuhause

Wörter zusammensetzen

1. Wolken bilden sich
2. Regen fällt
3. Regen versickert
4. sammelt sich zu Grundwasser

8. Wasser verdunstet
7. fließt ins Meer
6. läuft in einen Bach
5. sprudelt aus Quelle

1 Erkläre den Wasserkreislauf. Nutze die Stichpunkte. Sprich in Sätzen.

2 Bilde zusammengesetzte Substantive. Setze sie ein.

die Erde + der Boden

das Wasser + die Quellen   der Regen + die Wolken

der Grund + das Wasser   das Meer + das Wasser

Im Gebirge gibt es starken Regen. Er versickert im Boden und das ⬚ steigt. Dadurch sprudeln ⬚ aus dem ⬚ – ein Bach entsteht. Viele Bäche fließen in einen großen Fluss und münden ins Meer. Das ⬚ verdunstet und steigt zum Himmel. Dort bilden sich ⬚.

Zusammengesetzte Verben kommen im Satz meist getrennt vor.

3 Bilde neue Verben. Verwende sie in Wortgruppen.

ein • weg • kratzen • setzen

voll • ab • spritzen • putzen

vor • kommen

4 Bilde Sätze mit deinen Verben von Aufgabe 3.

S. 63

Unsere Erde, unser Zuhause

Verben mit b oder g im Wortinneren

| geben | legen | bleiben | bewegen |

1 Beschreibe das Experiment. Nutze die Wortkarten.

2 Bilde mit jedem Verb aus Aufgabe 1 einen passenden Satz. Rahme immer den Wortstamm ein.

3 Schreibe zu jedem Substantiv das verwandte Verb. Die Verben der Wortleiste helfen dir.

das Erle▢nis   der Hu▢schrauber   das Ja▢dschloss

Wenn du die Grundform der Verben bildest, hörst du, ob du b oder g schreiben musst.

4 Verlängere und entscheide, wie die Verben geschrieben werden.

b oder p?   g oder k?

Schreibe so: *heben, also sie hebt, …*

sie he▢t   sie ü▢t   es schlä▢t   es blin▢t   er hu▢t   sie erlau▢t

5 Entscheide erst, wie die Verben geschrieben werden. Ergänze danach passend im Text.

le▢t   sau▢t   schie▢t   he▢t   zei▢t

Heute ▢▢▢ Jan sein neustes Experiment. Er ▢▢▢ einen Schokokuss in ein verschlossenes Glas. Dann ▢▢▢ er einen Strohhalm durch ein kleines Loch hinein. Nun ▢▢▢ er damit die Luft aus dem Glas. Der Schokokuss ▢▢▢ sich und dehnt sich aus. Puff!

erlauben
erleben
bewegen
zeigen
heben
jagen
leben

Unsere Erde, unser Zuhause

Wörter mit b, d oder g am Wortende

Im Feld singt die Lerche ihr liebliches Lied.
Leise pfeift der Wind durch den Wald.
Der Mond steigt gelb am Himmel empor.
Vergangen ist der Tag.
Abendrot

1 Schreibe alle Wörter mit **b**, **d** oder **g** am Wortende heraus.
Markiere **b**, **d** und **g**.

2 Verlängere und entscheide, wie die Wörter geschrieben werden.
Schreibe so: *lieber, also lieb, …*

b oder p? lie☐, der Kor☐, das Sie☐, der Lum☐

d oder t? der Ra☐, der Freun☐, das Ban☐, das Lie☐, gesun☐, run☐

g oder k? das Flugzeu☐, der Zu☐, die Ban☐, der Ber☐, klu☐

3 Bilde zusammengesetzte Substantive. Markiere **b**, **d** und **g**.

Rad	Abend		Weg			Wald	Berg
Wind				Wald			Mann
	Zeitung		Bild	Band			Brand

der Brand
das Flugzeug
das Band
der Berg
die Wand
rund
gesund
lieb

4 Schreibe ein kleines Gedicht oder eine Geschichte.
Nutze die Wörter der Wortkarten.

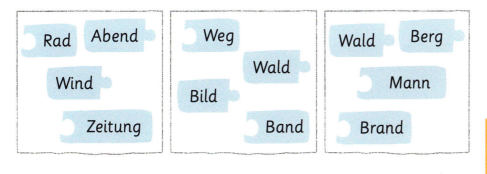

Unsere Erde, unser Zuhause

Subjekt und Prädikat

1 Wer tut was? Frage danach.

2 Schreibe den Text ab. Erfrage Subjekt und Prädikat. Unterstreiche und kreise ein.

Die Klasse startet in der Schule ein Projekt. Hung sammelt alte Zeitungen. Anton wirft Pappe in den Container. Lilli beschreibt alle Heftseiten. Frieda malt auf Recyclingpapier. Frau Fröhlich lobt die Kinder.

3 Schreibe aus jedem Satz von Aufgabe 2 den Satzkern heraus. Schreibe so: *Die Klasse startet.*

4 Ersetze die Namen der Kinder durch Personalpronomen. Unterstreiche das Subjekt und kreise das Prädikat ein.

Was nehmen sich die Kinder für die Zukunft vor?
– Nele schreibt auf Recyclingpapier.
– Lukas trinkt aus Mehrwegflaschen.
– Jan und Frieda benutzen Brotdosen statt Folie.
– Fadime drückt die Spartaste an der Toilette.

Das Subjekt kann auch ein Personalpronomen sein.

5 Was kann eure Klasse für die Umwelt tun? Bildet Sätze. Verwendet Personalpronomen. Unterstreicht das Subjekt und kreist das Prädikat ein.

Unsere Erde, unser Zuhause

Zweiteilige Prädikate

herstellen   umrühren   abschöpfen   ausbreiten

Papierschnipsel   Wasser   Papierbrei   Sieb   Tuch

1 Wie stellen die Kinder Papier her? Beschreibe mit Hilfe der Wortkarten.

2 Schreibe zu jedem Bild eine Wortgruppe und einen Satz.
Unterstreiche das Verb in der Wortgruppe. Kreise das Prädikat im Satz ein.
Schreibe so: *Papierschnipsel herstellen*
Kim stellt Papierschnipsel her.

> **Das Prädikat kann auch aus zwei Teilen bestehen.**
> *Was tut Kim? – Kim stellt Papierschnipsel her.*

3 Ergänze die zweiteiligen Prädikate. Kreise ein.

aufräumen   weglegen   abwischen   hinausgehen

Alle Kinder ⬭ ihre Plätze ⬭. Danach ⬭ sie das fertige Papier ⬭.
Kim ⬭ alle Tische ⬭. Jetzt ⬭ alle Schüler zur Pause ⬭.

4 Bilde mit den Verben Sätze. Kreise die zweiteiligen Prädikate ein.

ausschneiden   ausmalen   aufkleben   hervorheben

→ S. 138

Unsere Erde, unser Zuhause

Anredepronomen

> Lieber Herr Lehmann,
> wir möchten gern einen Projekttag zum Thema „Wasser" durchführen. Wie gefällt Ihnen diese Idee? Können Sie uns dabei unterstützen? Vielleicht haben die anderen Klassen Lust mitzumachen. Sicherlich haben sie auch viele tolle Ideen.
> Herzliche Grüße, Ihre Klasse 3a

> Hi Leon,
> schade, dass du krank bist. Stell dir vor, wir haben einen Brief an Herrn Lehmann geschrieben. Hast du noch eine Idee, welche Experimente wir am Projekttag vorführen können?
> Viele Grüße, dein Freund Anton

1 Wer schreibt wem? Vergleiche die beiden Briefe.

> Wörter, mit denen du Personen in Briefen ansprichst, sind **Anredepronomen**. Bei der Anrede von unbekannten oder erwachsenen Personen schreibst du immer groß: *Sie, Ihre, Ihr, Ihnen.*
> An vertraute Personen kannst du entweder groß- oder kleinschreiben. Entscheide dich also für eine Form und bleib dabei: *du, euch* oder *Du, Euch.*

2 Im Brief an Herrn Lehmann, den Schulleiter, sind die Wörter **Ihnen, Sie** und **Ihre** großgeschrieben. Erkläre warum.

3 Nele hat einen Brief von ihrer Freundin bekommen. Was fällt dir auf? Berichtige.

Und wie schreibe ich an meinen Onkel Willi aus Amerika?

> Hallo Nele,
> wie geht es Dir? Danke für deinen Brief. Ich muss dir unbedingt von unserem Projekttag erzählen. Schreibst Du mir mal wieder?
> Liebe Grüße, deine Lisa

Unsere Erde, unser Zuhause

Eine Reizwortgeschichte schreiben

Nilpferd   Pfütze   Welle

1. Was ist den Kindern zu den Wörtern eingefallen? Erzähle.
2. Welche Idee hast du zu den Wörtern? Male ein eigenes Bild.

> Bei einer **Reizwortgeschichte** werden meist drei bis vier Reizwörter vorgegeben. Diese sollen zu einer spannenden Geschichte anreizen.
> Du kannst eine Erlebniserzählung oder eine Fantasieerzählung schreiben.

3. Lege eine Wörtersammlung zu deiner Schreibidee an.
4. Schreibe mit Hilfe deiner Wörtersammlung eine Reizwortgeschichte.
5. Wähle aus, zu welchen Reizwörtern du eine Geschichte schreiben möchtest.

Regenbogen   Taucherbrille   Pudel

Sonnenschirm   Gummistiefel   Nacht

Reizwörter reizen mich zum Schreiben.

→ S. 137

Unsere Erde, unser Zuhause

Sich informieren

Auch das Angeln will gelernt sein

Wenn Kinder in Deutschland angeln möchten, brauchen sie einen Jugendfischereischein.

Um diesen zu erhalten, müssen sie eine Prüfung ablegen. Dabei werden Fragen zu verschiedenen Fischarten und Gewässern gestellt.

Erst nach der bestandenen Prüfung darf mit dem Angelschein in der Tasche und nur in bestimmten Gewässern geangelt werden.

Wer ohne Angelschein angelt, muss hohe Strafen bezahlen.

Zum Angeln werden eine Angelrute, eine Rolle mit Sehne, Haken und ausreichend Köder benötigt. Dabei dürfen nur die Fische gefangen werden, die eine bestimmte Größe erreicht haben. Wenn die Fische ihre Eier legen und laichen, ist es verboten zu angeln.

Angler sollten bei ihrem Hobby vor allem Ruhe und Geduld beweisen. Es ist wichtig, sich möglichst leise zu verhalten, um keine Brutvögel und andere Tiere am Gewässer zu stören.

Trotzdem muss keiner allein angeln gehen. Auch Kinder können in einen Angelverein eintreten und die Freude am Angelsport mit anderen teilen.

1. Schreibe wichtige Informationen in Stichpunkten heraus.

2. Was weißt du noch zum Thema Angeln?
   Informiere dich in Büchern, Zeitschriften oder im Internet.

3. Gestaltet ein Plakat zum Thema Angeln. → S. 109

   Zubehör   Kleidung   Regeln   ?

Lernen lernen

Ein Plakat gestalten

1. Mach dir Gedanken zum Thema. Informiere dich und sammle Material: Fotos, Bilder, Texte, Tabellen, Diagramme, Schaubilder.

2. Zu welchen Unterthemen möchtest du informieren? Schreibe Stichpunkte oder Texte zu deinen einzelnen Unterthemen.

3. Gestalte eine Überschrift. Ordne das Material auf dem Plakat übersichtlich und gut lesbar an.

1 Sucht Informationen und sammelt Material zum Thema: Wasser ist kostbar.

2 Wählt Unterthemen aus, zu denen ihr euch informieren wollt.

3 Gestaltet euer Plakat und präsentiert es.

4 Welches Plakat informiert am besten? Begründe deine Meinung.

→ S. 143   **Strategien und Methoden**

Hier kannst du noch üben

1 Schreibe die Substantive mit Artikel auf.

2 Bestimme in jedem Satz Subjekt und Prädikat.
Unterstreiche die Subjekte und kreise die Prädikate ein.

Ein Nilpferd liegt in seiner Pfütze.
Fadime trägt gern eine Mütze.
Die Kinder schreiben einen Satz.
Mutti sagt zu mir oft Schatz.

3 Entscheide: **b** oder **p**, **g** oder **k**? Schreibe zuerst die Grundform auf.
Arbeite so: *steigen, also: er steigt, …*

sie erlau_t   er erle_t   sie bewe_t   er zei_t

4 Schreibe die Wörter in der Einzahl und in der Mehrzahl auf.
Bilde zu jedem Bildpaar einen Satz.

Verlängere!

Fördern   S. 69

Hier kannst du weiterlernen

1 Finde die zusammengesetzten Substantive. Schreibe sie mit Artikel auf.

 Fegedwl

 Wnradldba

 Feuluggz

 Kidedrlien

2 Erfrage in jedem Satz Subjekt und Prädikat. Unterstreiche und kreise ein. Welche Prädikate sind zweiteilig?

Paula und Emma schneiden Bilder und Fotos aus.
Lukas schreibt Stichpunkte auf.
Die Überschrift hebt er farbig hervor.
Paula klebt die Bilder und Diagramme auf.
Emma stellt das Plakat vor.
Die Kinder der Klasse hören zu.

3 Findet mindestens acht Substantive mit **b**, **d** oder **g** am Wortende. Schreibt die Einzahl und die Mehrzahl jeweils auf eine Wortkarte. Dreht sie um und mischt sie. Wer findet die meisten Wortpaare?

4 Schreibe eine Reizwortgeschichte.

Schatz   Blitz   Schutz

Fordern

Bücherwurm und Computermaus

Fernseher – ja oder nein?

Hab ich mal die Nase voll
und weiß nicht, was ich machen soll,

dann knipse ich den Fernseher an
und schau mir verschiedene Sendungen an.

Ich schalte einfach hin und her.
Mich zu entscheiden, fällt mir schwer.

Trickfilme sind manchmal schaurig,
Liebesfilme oft zu traurig.

Plötzlich kommt mir die Idee: Fernseher aus!
Und schnell raus aus dem Haus!

Jetzt weiß ich, was ich machen soll:
Mit Freunden spielen find ich toll.

Ein Thema, viele Meinungen: Fernseher im Kinderzimmer – muss das sein?

Familie Meyer ist der Meinung, ein Fernseher im Kinderzimmer muss sein.

Sie nennen dafür folgende Gründe:
- Ohne Fernsehen wären unsere Kinder nicht richtig informiert, was in der Welt geschieht.
- Beim Fernsehen können die Kinder besser einschlafen.
- Unsere Kinder können so besser über alles in der Schule mitreden.

Familie Schaufler ist der Meinung, ein Fernseher im Kinderzimmer muss nicht sein.

Sie nennen dafür folgende Gründe:
- Fernsehen macht müde und lenkt ab.
- Im Kinderzimmer sollte gespielt werden.
- Wir haben viel mehr Zeit füreinander. Bei uns sagt keiner: „Ich habe keine Zeit. Ich will fernsehen."
- Fernsehen kann süchtig machen.

Hast du dich auch schon einmal wie in dem Gedicht gefühlt? Was möchte das Gedicht ausdrücken?

Welchem Zeitungsbericht stimmst du zu? Begründe deine Meinung.

Sind alle Fernsehsendungen für Kinder geeignet? Begründe.

Bücherwurm und Computermaus

Informationen aus einem Interview entnehmen

Interview mit der Illustratorin Bettina Reich

Seite 37: Bücherwurm hält einen Papierflieger in der rechten Hand. Er lacht.
Seite 39: Bücherwurm mit Buntstiften in der Hand. Notizblock zu sehen.
Seite 45: Bücherwurm mit Mikrofon, singt

Hallo, Frau Reich. Sie sind die Frau, die den Bücherwurm zeichnet. Wer sagt Ihnen eigentlich, wie der Bücherwurm auf den Seiten aussehen soll?
Ich bekomme die Vorgaben von der Redakteurin. Sie bespricht die Ideen zusammen mit den Autoren.

Wie viel Zeit benötigen Sie für ein Bild vom Bücherwurm?
Das kann sehr unterschiedlich sein, je nachdem, wie aufwändig die Illustration ist. Im Durchschnitt brauche ich für einen kompletten farbigen Wurm etwa 25 Minuten.

Welche Materialien verwenden Sie für Ihre Illustrationen?
Zuerst fertige ich eine Skizze mit Bleistift auf Papier an. Nachdem diese eingescannt und am Computer bearbeitet wurde, wird die Zeichnung auf spezielles Papier gedruckt. Mit Pinsel und Aquarellfarbe stelle ich den Bücherwurm fertig.

Und nun die letzte Frage: Wie sind Sie darauf gekommen, Illustratorin zu werden?
Ich habe schon als Kind gern und viel gemalt und ich wollte auch immer einen kreativen Beruf ausüben. Es macht mir großen Spaß, Ideen in Bilder umzusetzen.

1. Erkläre mit Hilfe des Interviews und der Bildfolge, wie aus einer Idee eine fertige Illustration wird.

2. Schreibe dir wichtige Stichpunkte zur Entstehung einer Illustration auf.

3. Du möchtest für die Schülerzeitung einen Beitrag zum Thema „Wie entsteht eine Illustration?" veröffentlichen. Schreibe mit Hilfe des Computers einen Text. Nutze die Informationen der Seite.

Bücherwurm und Computermaus

Informationen aus Bildern entnehmen

Verlag
Im Verlag wird entschieden, ob das Buch hergestellt wird.

Autorin
Sie hat eine Idee und schreibt einen Entwurf.

Redakteurin
Sie liest den Entwurf. Danach bespricht und überarbeitet sie den Entwurf mit der Autorin.

Illustratorin
Sie zeichnet passende Bilder zu Texten und Aufgaben.

Setzer
Er ordnet Texte und Bilder richtig an.

Druckerei
In der Druckerei wird das Buch gedruckt und gebunden.

 1 Wie entsteht ein Schulbuch? Erkläre.

 2 Beschreibe mit Hilfe der Informationen, wie ein Schulbuch entsteht. Denke an verschiedene Satzanfänge, abwechslungsreiche Verben, treffende Adjektive und eine passende Überschrift.

 Da steckt viel Arbeit drin.

Bücherwurm und Computermaus

Wörter mit Pf/pf

Bist du kreativ und liebst Pferde?

Dann nimm an unserem
Pferdegeschichten-Wettbewerb teil.

1 Welche Informationen erhältst du durch das Plakat?

2 Wie gefällt dir Emmas Geschichte?
Was ist Emma bei ihrer Geschichte besonders gut gelungen?

> Eine Pferde-Pflaumen-Freundschaft
> Ein pfiffiges Pferd pflückte an einem sonnigen Tag wunderschöne Pflaumen. Als sein Eimerchen voll war, wollte das Pferd zurück in seinen Stall. Auf einmal hörte es eine Stimme. Plötzlich hüpfte eine kleine Pflaume aus dem Eimer und schimpfte wie wild: „Wieso pflückst du uns einfach ab? Wir wollen noch wachsen und die Sonne genießen." Das Pferd entschuldigte sich und hängte die Pflaumen wieder an den Baum. Nun freuten sich alle und pfiffen lustige Lieder.

3 Schreibe alle Wörter mit **Pf** und **pf** ab.
Schreibe sie nach Wortarten geordnet auf.

4 Suche zu jedem Verb der Wortleiste
zwei verwandte Wörter.

5 Schreibe zusammengesetzte Substantive mit **Pferd** auf.
Unterstreiche den Artikel und das Grundwort.
Schreibe so: das Pferd + der Sattel → der Pferdesattel

6 Veranstaltet einen eigenen Pferdegeschichten-Wettbewerb in eurer Klasse.

schimpfen
hüpfen
klopfen
das Pferd
pflegen
pflücken

Bücherwurm und Computermaus

Einen Buchtipp schreiben

Titel — Erscheinungsjahr, Verlag und Seitenanzahl

Mein Buchtipp

Das Buch mit dem Titel „Ein Pferd namens Milchmann" erschien 2005 im Carlsen Verlag und hat 138 Seiten. Die Autorin Hilke Rosenboom schrieb viele interessante Kinderbücher. Bei diesem Buch handelt es sich um einen Kinderroman.

Autor

Art des Buches

Hauptfiguren

kurze Inhaltsangabe

Als sich Herman an einem Morgen im Mai gerade einen Ritter in sein Butterbrot ritzt, hört er plötzlich, wie jemand draußen laut hustet.
Er staunt nicht schlecht, als er auf der Terrasse ein Pferd entdeckt.
Das Pferd mit dem Namen Milchmann stellt sich mit zitternden Lippen vor. Es sieht so traurig aus, dass Herman sofort etwas unternehmen muss. Milchmann darf auf keinen Fall in die Hände der Tierfänger geraten, die nachts um die Garage von Herman herumschleichen.

Ich finde das Buch super, weil es um Abenteuer, Freundschaft und Tiere geht. Es ist spannend geschrieben und für Mädchen und Jungen interessant.

Bewertung/ Empfehlung

1. Lies den Buchtipp. Was hat Leon alles beachtet?
2. Fertige mit Hilfe des Bauplans einen Stichpunktzettel zu deinem Lieblingsbuch an.
3. Schreibe und gestalte einen Buchtipp zu deinem Lieblingsbuch. Du kannst auch am Computer arbeiten. → S. 123

S. 76

Bücherwurm und Computermaus

Wörter mit lk, nk, rk und lz, nz, rz

der Pilz
das Herz
das Salz
links
denken
die Gurke
der Punkt
der Schrank
die Wolke
tanzen
der Schwanz

1 Wie hat Orki seinen Schrank eingeräumt? Beschreibe. Verwende Wörter der Wortleiste.

2 Bilde zusammengesetzte Substantive. Unterstreiche das Bestimmungswort.

3 Schreibe die Sätze fehlerfrei auf.

> Orki liebt Piltze, Saltz und Gurcken. Er geht zum |||
> Kühlschranck. Bei dem Gedancken an die Leckereien schlägt ||
> sein Hertz schneller. Er schwebt wie auf Wolcken und tantzt. |||

Nach l, n, r, das merk dir ja, steht nie tz und nie ck.

4 Erfrage in jedem Satz Subjekt und Prädikat. Unterstreiche und kreise ein.

5 Schreibe die Sätze von Aufgabe 3 im Präteritum auf.

6 Schreibe eine Reizwortgeschichte.

Herz   Punkt   Wolke

S. 73

Bücherwurm und Computermaus

Ein Pro- und Kontra-Gespräch führen

E-Book

Pro (dafür)
– benötigt wenig Platz in der Tasche
– viele Bücher können abgespeichert werden
– ist sehr leicht

Kontra (dagegen)
– benötigt einen geladenen Akku
– riecht nicht nach Papier
– nicht alle Bücher gibt es als E-Book

Ein E-Book ist ein elektronisches Buch.

1 Welche Gründe sprechen für und welche Gründe sprechen gegen ein E-Book?

2 Spielt das Pro- und Kontra-Gespräch von Aufgabe 1 nach.
Legt einen Schüler als Gesprächsleiter fest.

Hilfen für ein **Pro- und Kontra-Gespräch**:
– Gesprächsleiter festlegen
– Gesprächsregeln beachten
– sachlich sprechen, niemanden beleidigen
– überzeugende Argumente dafür oder dagegen verwenden

Der Gesprächsleiter erteilt das Wort und achtet auf die Einhaltung der Gesprächsregeln.

3 Legt ein Thema in der Klasse fest.
Sammelt gemeinsam Argumente dafür und dagegen.

Fernseher im Kinderzimmer   Computerspiele   Hörbücher

→ S. 137

Bücherwurm und Computermaus

Ein Hörspiel planen und gestalten

Die Fledermaus

Eine Fledermaus fiel in das Gras. Sofort stürzte ein Wiesel auf sie zu und wollte sie verspeisen.

„Ach!", piepste die Fledermaus in Todesangst. „Was willst du? – Was tust du? O lasse mich am Leben!"

„Ich kann nicht, ich hasse dich, weil ich alle Vögel hasse.", fauchte das Wiesel.

Die Fledermaus besann sich einen Augenblick. „Ich bin doch kein Vogel; ich kann die Vögel nicht leiden; ich bin doch eine Maus!", beteuerte sie. – Da schenkte ihr das Wiesel das Leben.

Kurze Zeit nachher hatte die Fledermaus dasselbe Unglück.
Wieder war ein Wiesel daran, ihr den Hals durchzubeißen.

„Du sollst augenblicklich gefressen werden", sagte es, „ich hasse alle Mäuse und dich auch!" „Aber ich bin doch keine Maus, ich kann die Mäuse nicht leiden! Ich bin doch ein Vogel!" – beteuerte die Fledermaus. „Was du nicht sagst –, entschuldige!", antwortete das Wiesel.

Und die Fledermaus kam wirklich wieder mit dem Leben davon.

Äsop

1 Lies die Fabel des Dichters Äsop.
Welchen Trick verwendet die Fledermaus?

2 Schreibt ein kleines Rollenspiel. Nutzt die wörtliche Rede des Textes.
Arbeitet so:

Fledermaus (piepst laut, wehrt sich):
Ach! Was willst du? – Was tust du? O lasse mich am Leben!
Wiesel 1 (böse fauchend):
Ich kann nicht, ich hasse dich, weil ich alle Vögel hasse.
Fledermaus (…): …

3 Welchen Tieren könnte die Fledermaus noch begegnen?
Was tut sie? Erweitert das Rollenspiel durch eigene Ideen.

| der Hunger
| hängen
| tanzen
| lang
| der Pfau
| schimpfen
| die Wolke

Bücherwurm und Computermaus

 1 Schau dir die Bilder und die Geräuschewörter an.
Wie kannst du die Geräusche im Hörspiel darstellen?

2 Denkt euch passende Geräusche aus, die in eurem Hörspiel vorkommen können. Setzt Instrumente, Gegenstände, Ausrufe und Geräuschewörter ein. Nehmt die Geräusche auf und hört sie euch an. Wie klingen sie?

Vermeidet störende Nebengeräusche.

3 Lest euer Rollenspiel von Seite 120 mit verteilten Rollen.
Achtet auf betontes Sprechen und denkt an die Geräuschewörter.

 4 Nehmt euer Hörspiel mit einem Diktiergerät auf.
Spielt das Hörspiel der Klasse vor.

 5 Findet die Hörspiel-Experten eurer Klasse.
Bewertet die Hörspiele der anderen Gruppen.

Bewertung Hörspiel-Experten	🎤🎤🎤	🎤🎤	🎤
eigene Ideen für weitere Figuren			
passende Sätze im Hörspiel ergänzt			
interessant und abwechslungsreich gesprochen			
passende Geräusche			

Bücherwurm und Computermaus

Oberbegriffe

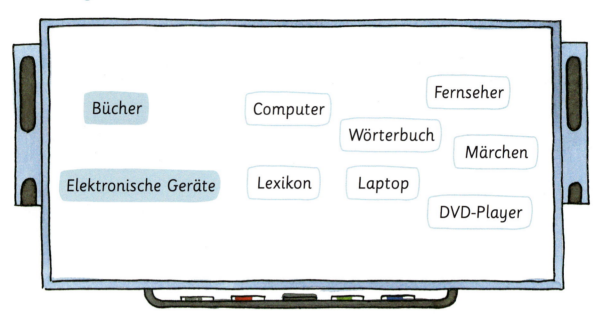

1. Wie lassen sich die Wörter ordnen?

> Viele Substantive mit gemeinsamen Bedeutungsmerkmalen können zu einem **Oberbegriff** zusammengefasst werden.
> Bücher: Lexikon, Sprachbuch, Wörterbuch, Comic, Kochbuch

Und wohin gehört dieses Wort? E-Book

2. Finde weitere Begriffe zu den Oberbegriffen von Aufgabe 1.

3. Finde weitere Wörter zu folgenden Oberbegriffen.

Fahrzeuge: Dreirad, Lastwagen, Traktor, …
Lebensmittel: Butter, Wurst, …

4. Findet die Oberbegriffe. Ordnet richtig zu und ergänzt weitere Begriffe.

Tee   Tulpe   Kaffee   Milch   Rose   Wasser

Veilchen   Gänseblümchen   Saft

Lernen lernen

Texte am Computer bearbeiten und gestalten

Text bearbeiten	Text gestalten		
Halte die linke Maustaste gedrückt. Führe den Bildschirmzeiger (Cursor) über das Wort oder den Satz, den du verändern möchtest.	**Schriftgröße** Klicke auf den kleinen Pfeil neben dem Zahlenfeld. Wähle eine Schriftgröße aus und klicke sie mit der linken Maustaste an.	**Schriftart** Klicke auf den kleinen Pfeil neben dem Schriftartenfeld. Wähle eine Schriftart aus und klicke sie mit der linken Maustaste an.	**Schriftfarbe** Klicke auf den kleinen Pfeil neben dem großen, unterstrichenen A (Symbol). Wähle eine Farbe aus und klicke sie mit der linken Maustaste an.

1 Schreibe den markierten Satz am Computer.
   Probiere verschiedene Schriftgrößen, Schriftarten und Schriftfarben aus.

2 Schreibe und gestalte die ersten vier Zeilen des Gedichts von Seite 112 mit dem Computer.

→ S. 143   Strategien und Methoden   123

Hier kannst du noch üben

Der Autor Manfred Mai schrieb viele interessante Kinderbücher. Sein Buch mit dem Titel „Das Zornickel" erschien 2010 im Ravensburger Buchverlag. Es hat 128 Seiten und ist ein Kinderroman.

Alexander ist total enttäuscht und genervt. Ständig meckert seine Mutti mit ihm. Seine jüngere Schwester petzt dauernd und sein Mathelehrer ist fies und gemein. Das Schlimmste ist: Alexander ist immer an allem schuld. Als er wieder einmal vor Wut kocht, wünscht er sich das Zornickel herbei.

Mir gefällt das Buch, weil ich auch manchmal Wut im Bauch habe und nicht weiß, wie ich damit umgehen kann.

Leon

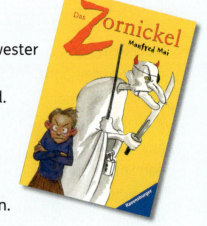

1 Schreibe aus Leons Buchtipp wichtige Informationen in Stichpunkten untereinander auf. Nutze die Wortkarten.

Titel   Autor   Verlag   Erscheinungsjahr   Seitenanzahl

Art des Buches   Hauptpersonen

2 Finde Reimwörter.

Pilz   denken   Herz   Schrank   Tanz
F_____   _____   _____   _____   _____

3 Schreibe den Text ab. Entscheide: **Pf/pf** oder **F/f**. Beachte die Groß- und Kleinschreibung.

Emma liebt ▢erde über alles. Vor der Reitstunde hü▢t sie immer aufgeregt herum. Im Sommer ▢lückt sie schnell noch einen A▢el für ihr Lieblingspony. Mit ihrem ▢ahrrad ▢ährt sie zum ▢erdestall. Emma ▢üttert das Pony mit dem A▢el.

Fördern   S. 77

Hier kannst du weiterlernen

1 Bilde zu den Wörtern je zwei zusammengesetzte Substantive und unterstreiche das Bestimmungswort.

die Gurke   der Schrank   das Herz   das Salz

2 Finde die sieben Fehler. Berichtige.

> Erpfahre alles über Cowboys. Die starken Jungs mit dem schwingenden Lasso und einem großen Hertz für Tiere. Cowboys hatten einen harten Alltag. Mit ihren schnellen Ferden hielten sie die Kuhherde zusammen. Sie flegten die Tiere von Kopf bis Schwantz. Das wertvollste Eigentum eines Cowboys war sein Ferdesattel. Dieses Buch bringt es auf den Pungt.

3 Welche Wörter sind hier verschlüsselt? Die Wortleiste von Seite 120 hilft dir.

Gleiche Zeichen bedeuten gleiche Buchstaben.

4 Sammle wichtige Informationen zu deiner Lieblingssendung. Arbeite am Computer.

Titel   Sender   Inhalt   Sendezeit

Hauptpersonen/Figuren   Art der Sendung

S. 78   **Fordern**

Durch das Jahr

Jahreszeitenlied

Ich bin der Frühling, frisch fröhlich und keck.

Ich bin der Frühling frisch fröhlich und keck.
Ich fege den letzten Schnee hinweg.
Die Wälder und Wiesen werden nun grün,
unzählige Blumen beginnen zu blühn.
5 He, he, Frühling! Wir freuen uns.
Wir freun uns, dich wiederzusehn.
He, he, Frühling! Wir freuen uns.
Mit dir wird das Jahr so schön.

Ich bin der Sommer, voll Farbe und Licht.
10 Mit Sonne und Wärme spar ich nicht.
Was vorher geblüht, das wächst und gedeiht,
ganz langsam und stetig, es braucht seine Zeit.
He, he Sommer! Wir freuen uns …

Ich bin der Herbst und ich bringe nun ein
15 Gemüse und Früchte, Korn und Wein.
Verteilt es gut in Land und in Stadt,
da muss keiner hungern und jeder wird satt.
He, he Herbst! Wir freuen uns …

Ich bin der Winter, bin grau und bin weiß.
20 Ich bringe die Kälte und das Eis.
Die Pflanzen und Tiere ruhen sich aus.
Die Kinder sie jubeln, wenn Schnee liegt vorm Haus.
He, he Winter! Wir freuen uns …

Lore Kleikamp

Das Gedicht erzählt dir etwas über den Jahreskreis. Finde heraus, was damit gemeint ist. Wie können die Jahreszeiten noch sein?

Beschreibe das Bild. Was entdeckst du? Erkläre die unterschiedlichen Farben.

Stell dir vor, du bist eine der vier Jahreszeiten. Was kannst du über dich erzählen? Beginne so: Ich bin der …

Durch das Jahr

Herbst

✏ ❶ Schreibe weiter.

Ich bin der Herbst und …

✏ ❷ Löse die Herbsträtsel.

> Hat ein Häuschen
> hart wie Stein,
> doch was drin ist,
> das schmeckt fein.

> Wer ist der arme Tropf,
> hat einen Hut und keinen Kopf,
> hat dazu
> nur einen Fuß und keinen Schuh?

> Im Häuslein mit fünf Stübchen,
> da wohnen braune Bübchen.
> Nicht Tür noch Tor führt ein und aus,
> wer sie besucht, verzehrt das ganze Haus.

Die Gedichtform kennst du schon aus Klasse 2.

 ❸ Sammelt weitere Herbstwörter. Ordnet sie nach Wortarten.

Kastanie   regnen   bunt   Herbstspaziergang

❹ Besprecht den Bauplan eines Elfchens.

knackig	1 Wort	Substantiv oder Adjektiv
der Apfel	2 Wörter	Substantiv mit Artikel, passend zur 1. Zeile
in der Obstschale	3 Wörter	passend zur 2. Zeile
ich nehme ihn mir	4 Wörter	etwas über dich, deine Gefühle dazu
lecker	1 Wort	ein Abschlusswort

✏ ❺ Dichte selbst ein Herbst-Elfchen. Nutze deine Herbstwörtersammlung.

Nikolaus

Die Legende von Nikolaus und den drei Mädchen

Vor langer Zeit war ein Mann mit Namen Nikolaus Bischof in Myra. Dort gab es einen Kaufmann, der einst sehr reich gewesen war, durch schlechte Geschäfte aber alles verloren hatte. Dieser hatte drei Töchter.
5 Die Töchter konnten nicht heiraten, weil der Vater kein Geld für die Hochzeit besaß. Nikolaus hörte davon und hatte Mitleid mit der Familie. Eines Nachts schreckte der Vater im Schlaf hoch. Er war von einem Geräusch geweckt worden. Am nächsten Morgen fand die älteste Tochter in einem am Kamin aufgehängten
10 Strumpf viele Goldmünzen. Sie lief zu ihrem Vater und zeigte es ihm. „Jetzt kannst du heiraten", sprach der Vater glücklich. Da jubelte die älteste Tochter vor Freude. In der nächsten Nacht wurde der Vater wieder von einem Geräusch geweckt. Am Morgen danach fand auch die mittlere Tochter in ihrem Strumpf viele Goldmünzen. Glücklich rannte sie zu ihrem Vater. Nun konnte auch die
15 zweite Tochter heiraten.
In der dritten Nacht wollte der Vater wach bleiben, um zu sehen, wer der Wohltäter war. Er versteckte sich hinter einem Schrank. Doch der Vater wurde müde und schlief ein. Plötzlich gab es ein klimperndes Geräusch. Der Vater erschrak. Schnell eilte er aus dem Haus und sah, wie Nikolaus die Straße
20 hinunterlief. Gern hätte der Kaufmann dem Bischof Nikolaus gedankt. Einige Monate später feierten alle drei Töchter Hochzeit. Weil Nikolaus ihnen geholfen hatte, hatten sie genügend Geld, um eine Familie zu gründen.

1 Erzähle die Legende von Nikolaus nach.

2 Welches Geräusch könnte den Vater geweckt haben? Probiert es aus. Ihr könnt auch Instrumente verwenden.

3 Findet weitere Stellen in der Legende, die ihr durch Geräusche darstellen könnt.

4 Lest die Legende vor und begleitet sie mit verschiedenen Geräuschen.

Eine Legende ist eine erfundene Erzählung von der Tat eines außergewöhnlichen Menschen.

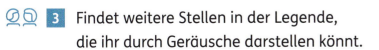

Durch das Jahr

Weihnachten

Weihnachtsengel basteln

Das brauchst du: glänzendes Papier in Kreisform (Durchmesser 10 cm)
eine Schere
Nadel und Faden
eine Holzperle

1.
2.
3.
4.
5.
6.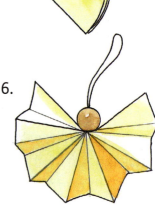

1 Beschreibe, wie Weihnachtsengel gebastelt werden. Die Stichpunkte helfen dir dabei:

Du kannst auch mehrere Engel für einen Weihnachtsstrauß basteln.

- Papierkreis falten
- Kreis an einer Faltlinie bis zur Mitte einschneiden
- Schnittrand zur ersten Faltlinie falten
- weiter wie Ziehharmonika falten
- Nadel mit dem Faden durch die Mitte ziehen
- Faden durch die Holzperle ziehen

 2 Schreibe die Bastelanleitung auf.

3 Kennst du eine Bastelanleitung für ein weiteres Weihnachtsgeschenk? Stelle sie der Klasse vor.

Wo man Geschenke verstecken kann

Im Keller hinter Kartoffelkisten,
im Schreibtisch zwischen Computerlisten,
in alten verstaubten Bauerntruhen,
in ausgelatschten Wanderschuhen,
5 auf Wohnzimmerschränken, in Blumenvasen,
ja, selbst in Bäuchen von flauschigen Hasen,
in Einzelsocken, ohne Loch,
und eine Möglichkeit wäre noch,
das Geschenk unter die Matratze zu legen.
10 Das ist nicht so gut der Bequemlichkeit wegen.
Der Toilettenspülkasten eignet sich nicht,
denn welches Geschenk ist schon wasserdicht.
Ob sperrig, ob handlich, ob groß oder klein:
Geschenkeverstecken muss einfach sein.
15 Das einzig Schwierige daran ist,
dass man das Versteck so leicht vergisst.

Regina Schwarz

1 Wo können Geschenke noch versteckt werden? Sammelt Ideen.

2 Gestaltet einen Gedichtvortrag. Verstellt eure Stimmen. Sprecht dabei ganz tief wie der Weihnachtsmann oder ganz leise und sanft wie ein Engel.

3 Ersetze die markierten Textstellen im Gedicht durch andere passende Wörter und Wortgruppen.

4 Schreibe dein Gedicht auf und gestalte es. Wenn du es bis Weihnachten versteckst, hast du ein schönes Weihnachtsgeschenk.

So entsteht ein neues Gedicht.

Durch das Jahr

Winter

1 Schreibe weiter.

Ich bin der Winter und …

2 Schreibe eine Winter-Geschichte. Würfle dir dazu eine Anregung.

⚀

⚁ Die Schneeballschlacht

⚂ Es war ein sonniger Wintertag als Antons Papa zu Anton und Willi sagte: „Habt ihr Lust auf eine Skitour?" …

⚃ … Abends lag Jan müde im Bett. Die Angst vor dem Skifahren war vergessen. Er dachte an den schönen Winterferientag. Auf den nächsten Tag in der Skischule freute er sich schon. Mit einem Lächeln im Gesicht schlief er ein.

⚄ … Plötzlich knackte das Eis. Erschrocken blickte sich Frieda um. Wo war Emma? Hatte sie das Knacken auch gehört? …

⚅ Würfle noch einmal!

3 Führt eine Schreibkonferenz durch.

- Hat die Geschichte eine Überschrift?
- Sind die Satzanfänge unterschiedlich?
- Hat die Geschichte eine Einleitung, einen Hauptteil, einen Schluss?
- Wurde die wörtliche Rede verwendet?
- Gibt es in der Geschichte passende Verben und Adjektive?

4 Überarbeite deine Geschichte.

Durch das Jahr

Frühling

1. Schreibe weiter.

Ich bin der Frühling und …

2. Erzähle zum Bild.

Rebecca Kinkead: Jump

3. Vermute: Was fühlen die Kinder? Was denken sie?

4. Wie fühlst du den Frühling?

5. Sammelt Frühlingswörter.

6. Lies das Haiku-Gedicht.

Ein Haiku ist ein japanisches Gedicht. Es besteht aus drei Zeilen und hat insgesamt 17 Silben.

Die Natur erwacht
die Sonne wärmt die Erde
die Blumen blühen.

7. Finde heraus, wie viele Silben in jeder Zeile stehen.
Schreibe so: *In der 1. Zeile stehen ▭ Silben.*
In der 2. Zeile stehen ▭ Silben.
In der 3. Zeile stehen ▭ Silben.

8. Dichte selbst ein Frühlings-Haiku.
Schreibe es auf ein Schmuckblatt und verschenke es.

Durch das Jahr

April

1. Was könnte Leon weiter antworten?
2. Hast du dir schon einmal mit jemandem einen Aprilscherz erlaubt? Erzähle.
3. Denkt euch einen Aprilscherz aus und spielt ihn vor.
4. Was bedeuten die Sprüche? Erkläre.

5. Sammle weitere Bauernregeln.
6. Das sind scherzhaft gemeinte Bauernregeln.
   Denkt euch selbst solche lustigen Bauernregeln aus.

| Pfeift der Aprilwind dir in deinen Kragen, musst du einen Schal noch immer tragen. | Gibt es im April viel Regen, die Hühner im Stall die Eier legen. |

Durch das Jahr

Sommer

 1 Schreibe weiter. *Ich bin der Sommer und …*

 2 Lest das Gedicht. Wechselt euch zeilenweise ab.

Urlaubsfahrt

koffer koffer kindertragen
flaschen taschen puppenwagen
papa mama koffer kinder
autokarte notblinklichter

frühgeweckt frühstück raus
winke winke schlüssel haus
autobahnen autoschlange
kinderplappern mama bange

schlange kriechen sonne heiß
stinken staub benzin und schweiß
stockung hunger mama brote
papa skatspiel radio: tote

schlafen schimpfen hupen schwitzen
weiterfahren weitersitzen
müde mitternacht hotel pension
dreißigtausend warten schon

Hans A. Halbey

3 Wie wirkt das Gedicht auf euch? Woran denkt ihr dabei?

4 So kannst du mit den Buchstaben auf Nummernschildern spielen.

B - AZ	L - HF	DD - IK
Finde Urlaubswörter.	Finde Tiernamen.	Bilde einen Satz.

 5 Erfindet eigene Spiele gegen Langeweile.

6 Lies das Treppengedicht.

Sommerferien
Sommerferien haben
Sommerferien haben schöne
Sommerferien haben schöne Tage.

Schöne Ferien!

 7 Schreibe ein eigenes Treppengedicht.

Abc des Wissens

Adjektive
→ S. 32
→ S. 54

Wörter, die sagen, wie etwas ist, nennen wir **Adjektive**. Sie helfen, Menschen, Tiere, Pflanzen und Dinge genau zu beschreiben.
Adjektive kannst du **steigern**. Es gibt drei Steigerungsstufen:

Grundstufe	Mehrstufe	Meiststufe
schwierig	schwieriger	am schwierigsten

→ S. 55

Mit **Adjektiven** können wir **vergleichen**.
Gleiches wird mit den Vergleichswörtern **so … wie** beschrieben.
Du verwendest die Grundstufe: so braun wie …
Unterschiedliches wird mit dem Vergleichswort **als** beschrieben.
Du verwendest die Mehrstufe: älter als …

Adjektive mit -ig und -lich
→ S. 70

Einige Adjektive erkennen wir an den Nachsilben **-ig** und **-lich**.
fertig, freundlich

Anredepronomen
→ S. 106

Wörter, mit denen du Personen in Briefen ansprichst, sind **Anredepronomen**. Bei der Anrede von unbekannten oder erwachsenen Personen schreibst du immer groß: Sie, Ihre, Ihr, Ihnen.
An vertraute Personen kannst du entweder groß- oder kleinschreiben. Entscheide dich also für eine Form und bleib dabei: du, euch oder Du, Euch.

Berufsnamen
→ S. 46

Namen für **Berufe** sind auch Substantive. Es gibt weibliche und männliche Berufsnamen. Die weibliche Form erkennst du meist an der **Nachsilbe -in**:
der Arzt – die Ärztin

Fremdwörter
→ S. 86

Fremdwörter sind Wörter, die wir aus anderen Sprachen ins Deutsche übernommen haben. Sie haben häufig eine besondere Schreibweise und Aussprache.
der Clown, die Tour, das Konto

Kommasetzung bei Aufzählungen
→ S. 45

Bei einer **Aufzählung** setzt du zwischen Wörtern oder Wortgruppen ein **Komma**. Vor **und** und **oder** steht kein Komma.
Oma, Opa, Tante und Onkel
fernsehen, lesen oder tanzen

Mitlautverdopplung
→ S. 26

Auf einen kurz gesprochenen Selbstlaut folgen meist zwei Mitlaute. Wenn du nur einen Mitlaut hörst, wird er verdoppelt.
Tanne

Oberbegriffe
→ S. 122

Viele Substantive mit gemeinsamen Bedeutungsmerkmalen können zu einem **Oberbegriff** zusammengefasst werden.
Bücher: Lexikon, Sprachbuch, Wörterbuch, Comic, Kochbuch

Personalpronomen
→ S. 24

Du kannst Namen für Substantive (Menschen, Tiere, Pflanzen und Dinge) durch Personalpronomen ersetzen.
Frieda – sie, das Pferd – es, die Bäume – sie, der Ball – er

Abc des Wissens

Prädikat
→ S. 89

Jeder Satz besteht aus mehreren Satzgliedern. Ein Satzglied davon ist immer das **Prädikat**. Mit der Frage **Was tut …?** oder **Was tun …?** fragst du nach dem **Prädikat**.
Was tut Max vor Aufregung in der Achterbahn? – Er (schreit).
Was tun Paula und ihr Vati? – Sie (wandern).

Pro- und Kontra-Gespräche
→ S. 119

Hilfen für ein **Pro- und Kontra-Gespräch**:
- Gesprächsleiter festlegen
- Gesprächsregeln beachten
- sachlich sprechen, niemanden beleidigen
- überzeugende Argumente dafür oder dagegen verwenden

Reizwortgeschichten
→ S. 107

Bei einer **Reizwortgeschichte** werden meist drei bis vier Reizwörter vorgegeben. Diese sollen zu einer spannenden Geschichte anreizen. Du kannst eine Erlebniserzählung oder eine Fantasieerzählung schreiben.

Satzglieder
→ S. 33

Ein Satz besteht aus mehreren Teilen. Diese Teile heißen **Satzglieder**. Ein Satzglied kann aus einem Wort oder mehreren Wörtern bestehen. Satzglieder kannst du umstellen.
Fadime und Tim | schwimmen | um die Wette.
Um die Wette | schwimmen | Fadime und Tim.
Schwimmen | Fadime und Tim | um die Wette?

Satzkern
→ S. 90

Sätze bestehen aus Satzgliedern. Jeder Satz hat ein Subjekt und ein Prädikat. Subjekt und Prädikat bilden den **Satzkern**.
Paula (spielt) Fußball im Verein. – Paula (spielt).
Kim und Jan (lesen) viele Bücher. – Kim und Jan (lesen).

Subjekt
→ S. 88

Jeder Satz besteht aus Satzgliedern. Ein Satzglied ist immer das **Subjekt**. Mit der Frage **Wer oder was …?** fragst du nach dem **Subjekt**.
Wer oder was sieht auf der Landkarte aus wie ein Stiefel? – Italien
Wer oder was regierte als Kaiser im alten Rom? – Julius Cäsar

Substantive
→ S. 10

Alle Menschen, Tiere, Pflanzen und Dinge haben einen Namen.
Diese Wörter nennen wir **Substantive**. Substantive schreiben wir immer groß. Wir verwenden sie in der Einzahl und in der Mehrzahl. Substantive haben einen bestimmten oder unbestimmten Artikel.

→ S. 14

Vor Wörtern, die Gedanken oder Gefühle bezeichnen, kannst du einen Artikel setzen. Auch diese Wörter sind Substantive:
der Wunsch – ein Wunsch, die Freude – eine Freude, das Glück – ein Glück.

Verben
→ S. 25

Verben sind Wörter, die sagen, was Personen, Tiere, Pflanzen und Dinge tun. Sie verändern sich im Satz.
Verben haben eine Grundform: *treffen*
und eine gebeugte Form (Personalform): *sie trifft*

Abc des Wissens

Verben im Präsens und Präteritum
→ S. 40

Verben geben an, in welcher **Zeit** etwas geschieht.
Passiert etwas jetzt, steht das Verb im **Präsens**.
Passierte etwas früher, steht das Verb im **Präteritum**.
Präsens (Gegenwart): *es klingelt, er steht*
Präteritum (Vergangenheit): *es klingelte, er stand*

Wörter mit ß
→ S. 15

Wenn du nach einem lang gesprochenen Selbstlaut, Umlaut oder Zwielaut einen s-Laut hörst, steht meist **ß**:
der Spaß, grüßen, der Fleiß.

Wortfamilien
→ S. 44

Jedes Wort hat einen **Wortstamm**. Wörter mit gleichem oder ähnlichem Wortstamm gehören zu einer **Wortfamilie**. Verändert sich der Wortstamm, bleiben sie trotzdem verwandte Wörter.
die Sprache, sprachlos, sprechen, sie spricht

Wörtliche Rede
→ S. 57

Was gesprochen wird, heißt **wörtliche Rede**.
In Texten steht die wörtliche Rede in Anführungszeichen.
Der Begleitsatz gibt an, wer spricht.

_____ : „~~~~~~~~~~~~?"
Begleitsatz   wörtliche Rede
Der Reiter fragte: „Wollen wir tauschen?"

Zahlwörter
→ S. 68

Wörter, die eine Anzahl genau angeben, nennen wir
bestimmte Zahlwörter: *eins, drei, sechs, elf, zwölf.*
Wörter, die eine Anzahl nur ungefähr angeben, nennen wir
unbestimmte Zahlwörter: *viele, wenige, mehrere, einige.*

Zusammengesetzte Adjektive
→ S. 56

Aus einem Substantiv und einem Adjektiv können wir ein **zusammengesetztes Adjektiv** bilden.
das Blut, rot → blutrot
Wir bilden **zusammengesetzte Adjektive**, um etwas genauer zu beschreiben.
rote Lippen → blutrote Lippen

Zusammengesetzte Substantive
→ S. 12

Zusammengesetzte Substantive setzen sich aus einem **Bestimmungswort** und einem **Grundwort** zusammen:

das Projekt, der Tag – der Projekttag

→ S. 31

Der **Artikel** richtet sich immer nach dem **Grundwort**.
Zusammengesetzte Substantive kannst du auch aus Verben und Substantiven bilden.
Das Verb wird zum Bestimmungswort, das Substantiv wird zum Grundwort.
das Wartezimmer: warten, das Zimmer

Zweiteilige Prädikate
→ S. 105

Das Prädikat kann auch aus zwei Teilen bestehen.
Was tut Kim? – Kim stellt Papierschnipsel her.

Methoden und Strategien zum Lernen lernen

Wörter nach dem Alphabet ordnen ⟶ S. 18

1. Ist der erste Buchstabe gleich, beachte den **zweiten** Buchstaben.
2. Sind die ersten beiden Buchstaben gleich, beachte den **dritten** Buchstaben.
3. Sind mehrere Buchstaben gleich, beachte den **nächsten** Buchstaben.

Wörter im Wörterverzeichnis und im Wörterbuch suchen ⟶ S. 19

Substantive suchst du in der Einzahl. Bei zusammengesetzten Substantiven suchst du jedes einzelne Wort.

Verben suchst du in der Grundform.

Adjektive suchst du in der unveränderten Form (Grundstufe).

Berichtigung ⟶ S. 35

So berichtigst du Fehler bei Substantiven:
• Bilde die Einzahl und Mehrzahl.
• Bilde eine Wortgruppe mit einem passenden Adjektiv.
• Bilde ein zusammengesetztes Substantiv.
• Finde ein Wort der Wortfamilie.

So berichtigst du Fehler bei Verben:
• Bilde die Grundform.
• Schreibe verschiedene gebeugte Formen (Personalformen) auf.
• Schreibe eine Wortgruppe oder einen kurzen Satz.
• Finde ein Wort der Wortfamilie.

So berichtigst du Fehler bei Adjektiven:
• Bilde eine Wortgruppe mit einem passenden Substantiv.
• Finde ein Wort der Wortfamilie.
• Schreibe das Gegenteil auf.

So berichtigst du Fehler am Satzanfang oder bei Satzzeichen:
• Schreibe den ganzen Satz noch einmal.

Abc des Wissens

Texte planen und schreiben → S. 48

Die **Einleitung** führt in eine Geschichte ein.
Wer … kommt darin vor?
Wo … spielt die Geschichte?
Wann … spielt die Geschichte?

Im **Hauptteil** wird ausführlich und genau erzählt, was passiert.
Der **Höhepunkt** ist die spannendste, lustigste oder traurigste Stelle einer Geschichte.

Ein kurzer **Schluss** führt aus der Geschichte hinaus.

Schreibkonferenz → S. 62

1. Eine Gruppe von Autoren trifft sich am Tisch zur Schreibkonferenz. Der erste Autor liest seinen Text vor.

2. Die Berater äußern sich zum Inhalt des Textes. Sie überlegen, ob die Geschichte einen roten Faden hat.

3. Der Autor liest seinen Text noch einmal vor. Die Berater füllen gemeinsam ein Protokoll zur Schreibkonferenz aus. Dabei geben sie dem Autor Tipps zur Überarbeitung.

Abc des Wissens

Texte überarbeiten → S. 63

Aufbau
Einleitung, Hauptteil und Schluss
Überprüfe die Reihenfolge und die Vollständigkeit deines Textes.

Verschiedene Satzanfänge

| Am … In … | Als … | Nun … | Dann … | Sie … Er … |

Manchmal hilft es, die Satzglieder umzustellen.

Zeitform
Präsens oder Präteritum? Bleibe immer bei einer Zeitform.

Ausdruck
- spannend
- lebendig
- interessant

Verwende abwechslungsreiche Verben, treffende Adjektive und wörtliche Rede. Schreibe auch über Gedanken und Gefühle.

Stichpunkte anfertigen → S. 78

1. Lies den Text genau.
2. Finde wichtige Informationen im Text.
3. Fertige Stichpunkte an.

Abc des Wissens

Einen Vortrag halten → S. 79

1. Sammle Material zum Thema:
   – Nutze Bücher, Zeitschriften oder das Internet.
   – Suche auch passende Bilder
     oder Gegenstände zum Thema aus.
2. Finde wichtige Informationen:
   – Fertige Stichpunkte an.
   – Befrage Experten.
   – Stelle das Thema anschaulich dar.
3. Übe deinen Vortrag:
   – Nutze deine Stichpunkte.
   – Sprich in Sätzen.
   – Beachte die richtige Reihenfolge.
   – Sprich laut und deutlich.
4. Halte deinen Vortrag:
   – Nenne das Thema.
   – Halte Blickkontakt zu deinen Zuhörern.
   – Nutze deine Stichpunkte.
   – Präsentiere interessantes Material.
   – Bitte um Nachfragen.

Diktatformen → S. 93

Wendediktat
Lies das Diktat. Merke dir einige Wörter oder kurze Sätze und blättere um. Führe eine Strichliste, wie oft du das Blatt umgedreht hast. Kontrolliere und berichtige.

Satzzeichendiktat
Bei diesen Diktaten fehlen alle Satzzeichen: Punkt, Fragezeichen, Ausrufezeichen, Komma, Doppelpunkt und Redezeichen. Setze sie beim Abschreiben an den richtigen Stellen ein. Kontrolliere und berichtige.

Tütendiktat
Schreibe die Lernwörter auf Kärtchen und lege sie in die Tüte. Ziehe ein Kärtchen und diktiere es deinem Partner. Diktiert abwechselnd. Kontrolliert und berichtigt.

Abc des Wissens

Ein Plakat gestalten → S. 109

1. Mach dir Gedanken zum Thema. Informiere dich und sammle Material: Fotos, Bilder, Texte, Tabellen, Diagramme, Schaubilder.
2. Zu welchen Unterthemen möchtest du informieren? Schreibe Stichpunkte oder Texte zu deinen einzelnen Unterthemen.
3. Gestalte eine Überschrift. Ordne das Material auf dem Plakat übersichtlich und gut lesbar an.

Texte am Computer bearbeiten und gestalten → S. 123

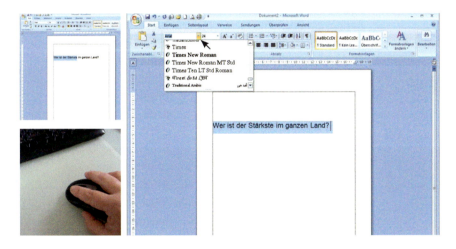

Text bearbeiten
Halte die linke Maustaste gedrückt. Führe den Bildschirmzeiger (Cursor) über das Wort oder den Satz, den du verändern möchtest.

Text gestalten
Schriftgröße Klicke auf den kleinen Pfeil neben dem Zahlenfeld. Wähle eine Schriftgröße aus und klicke sie mit der linken Maustaste an.
Schriftart Klicke auf den kleinen Pfeil neben dem Schriftartenfeld. Wähle eine Schriftart aus und klicke sie mit der linken Maustaste an.
Schriftfarbe Klicke auf den kleinen Pfeil neben dem großen, unterstrichenen A (Symbol). Wähle eine Farbe aus und klicke sie mit der linken Maustaste an.

Wörterverzeichnis

A a

ab
der **Abend**, die Aben|de
aber
acht
ähn|lich, ähn|li|cher, am ähn|lichs|ten
al|le, al|les
al|lein
als
al|so
alt, äl|ter, am äl|tes|ten
am
die **Am|pel**, die Am|peln
an
an|de|re
än|dern, sie än|dert, sie än|der|te
der **An|fang**, die An|fän|ge
an|fan|gen, es fängt an, es fing an
die **Angst**, die Ängs|te
ängst|lich, ängst|li|cher, am ängst|lichs|ten
ant|wor|ten, ich ant|wor|te, ich ant|wor|te|te
der **Ap|fel**, die Äp|fel
der **April**
die **Ar|beit**, die Ar|bei|ten
ar|bei|ten, er ar|bei|tet, er ar|bei|te|te
der **Arm**, die Ar|me
der **Arzt**, die Ärz|te
die **Ärz|tin**, die Ärz|tin|nen
der **Ast**, die Äs|te
auf
die **Auf|ga|be**, die Auf|ga|ben
auf|pas|sen, er passt auf, er pas|ste auf
auf|räu|men, ich räu|me auf, ich räum|te auf
das **Au|ge**, die Au|gen
der **Au|gust**
aus
das **Au|to**, die Au|tos

B b

das **Ba|by**, die Ba|bys
ba|cken, er bäckt, er back|te
der **Bä|cker**, die Bä|cker
die **Bä|cke|rin**, die Bä|cke|rin|nen
das **Bad**, die Bä|der
ba|den, sie ba|det, sie ba|de|te
die **Bahn**, die Bah|nen
bald
der **Ball**, die Bäl|le
die **Ba|na|ne**, die Ba|na|nen
das **Band**, die Bän|der
die **Bank**, die Bän|ke
bas|teln, er bas|telt, er bas|tel|te
der **Bauch**, die Bäu|che
bau|en, wir bau|en, wir bau|ten
der **Bau|er**, die Bau|ern
der **Baum**, die Bäu|me
die **Bee|re**, die Bee|ren
bei
das **Bein**, die Bei|ne
bei|ßen, sie beißt, sie biss
be|ob|ach|ten, ich be|ob|ach|te, ich be|ob|ach|te|te
der **Berg**, die Ber|ge
der **Be|richt**, die Be|rich|te
be|rich|ten, er be|rich|tet, er be|rich|te|te
be|setzt
bes|ser
der **Be|such**, die Be|su|che
be|su|chen, ihr be|sucht, ihr be|such|tet
das **Bett**, die Bet|ten
be|we|gen, es be|wegt sich, es be|weg|te sich
be|zah|len, sie be|zahlt, sie be|zahl|te
die **Bie|ne**, die Bie|nen
das **Bild**, die Bil|der
bin, sie ist, sie war
die **Bir|ne**, die Bir|nen
bis
biss|chen
bit|ten, ihr bit|tet, ihr ba|tet
das **Blatt**, die Blät|ter
blau
blei|ben, er bleibt, er blieb
der **Blitz**, die Blit|ze
blit|zen, es blitzt, es blitz|te
blü|hen, sie blüht, sie blüh|te
die **Blu|me**, die Blu|men
die **Blü|te**, die Blü|ten
der **Bo|den**, die Bö|den
das **Boot**, die Boo|te
bö|se, bö|ser, am bö|ses|ten
der **Brand**, die Brän|de
brau|chen, ihr braucht, ihr brauch|tet
braun
breit, brei|ter, am brei|tes|ten
bren|nen, es brennt, es brann|te
der **Brief**, die Brie|fe
die **Bril|le**, die Bril|len
brin|gen, er bringt, er brach|te
das **Brot**, die Bro|te
das **Bröt|chen**, die Bröt|chen
die **Brü|cke**, die Brü|cken
der **Bru|der**, die Brü|der
brum|men, sie brummt, sie brumm|te
das **Buch**, die Bü|cher
bunt, bun|ter, am bun|tes|ten

Wörterverzeichnis

der **Bus**, die Bus|se
der **Busch**, die Bü|sche
die **But|ter**

C c

der **Cent**
der **Clown**, die Clowns
der **Co|mic**, die Co|mics
der **Com|pu|ter**, die Com|pu|ter
der **Cow|boy**, die Cow|boys

D d

da
dan|ken, du dankst,
du dank|test
dann
da|rum
das
dass
die **De|cke**, die De|cken
de|cken, sie deckt,
sie deck|te
dein, dei|ne, dei|ner
dem
den
den|ken, ich den|ke,
ich dach|te
denn
der
des
deutsch
das **Deutsch|land**
der **De|zem|ber**
dich
dick, di|cker, am dicks|ten
die
der **Diens|tag**, die Diens|ta|ge
dies, die|se, die|ser
dir
doch
der **Don|ner**, die Don|ner
don|nern, es don|nert,
es don|ner|te
der **Don|ners|tag**,

die Don|ners|ta|ge
das **Dorf**, die Dör|fer
dort
der **Draht**, die Dräh|te
drau|ßen
dre|hen, sie dreht,
sie dreh|te
drei
der **Druck**, die Drü|cke
drü|cken, er drückt,
er drück|te
du
dun|kel, dunk|ler,
am dun|kels|ten
dünn, dün|ner,
am dünns|ten
durch
dür|fen, ich darf, ihr dürft,
ich durf|te

E e

die **Ecke**, die Ecken
eckig, ecki|ger,
am eckigs|ten
das **Ei**, die Ei|er
ei|ni|ge
ein|mal
eins
ein|zeln, ein|zel|nen
das **Eis**
der **Ele|fant**, die Ele|fan|ten
elf
die **El|tern**
die **E-Mail**, die E-Mails
das **En|de**, die En|den
eng, en|ger, am engs|ten
ent|de|cken, ich
ent|de|cke, ich ent|deck|te
die **En|te**, die En|ten
ent|fer|nen, du ent|fernst,
du ent|fern|test
die **Er|de**
er|klä|ren, ich er|klä|re,
ich er|klär|te

er|lau|ben, er er|laubt,
er er|laub|te
die **Er|laub|nis**, die Er|laub|nis|se
er|le|ben, sie er|lebt,
sie er|leb|te
das **Er|leb|nis**, die Er|leb|nis|se
die **Ern|te**, die Ern|ten
ern|ten, sie ern|tet,
sie ern|te|te
er|war|ten, ich er|war|te,
ich er|war|te|te
er|zäh|len, ihr erzählt,
ihr er|zähl|tet
die **Er|zäh|lung**,
die Er|zäh|lun|gen
es|sen, er isst, ihr esst,
er aß
et|was
euch
eu|er, eu|re
die **Eu|le**, die Eu|len
der **Eu|ro**, die Eu|ro

F f

fah|ren, sie fährt, ihr fahrt,
sie fuhr
das **Fahr|rad**, die Fahr|rä|der
fal|len, es fällt, ihr fallt,
es fiel
falsch
die **Fa|mi|lie**, die Fa|mi|li|en
fan|gen, er fängt, ihr fangt,
er fing
fas|sen, er fasst, er fass|te
der **Fe|bru|ar**
feh|len, du fehlst,
du fehl|test
der **Feh|ler**, die Feh|ler
die **Fei|er**, die Fei|ern
fei|ern, ihr fei|ert, ihr fei|er|tet
fein, fei|ner, am feins|ten
das **Feld**, die Fel|der
das **Fens|ter**, die Fens|ter
die **Fe|ri|en**

Wörterverzeichnis

fern|se|hen, du siehst fern, ihr seht fern, du sahst fern
fer|tig, fer|ti|ger, am fer|tigs|ten
fest, fes|ter, am fes|tes|ten
fett, fet|ter, am fet|tes|ten
das **Fett**, die Fet|te
das **Feu|er**, die Feu|er
fin|den, ihr fin|det, ihr fan|det
der **Fin|ger**, die Fin|ger
der **Fisch**, die Fi|sche
die **Fla|sche**, die Fla|schen
das **Fleisch**
der **Fleiß**
flei|ßig, flei|ßi|ger, am flei|ßigs|ten
flie|gen, er fliegt, er flog
flie|ßen, es fließt, es floss
der **Flü|gel**, die Flü|gel
das **Flug|zeug**, die Flug|zeu|ge
der **Fluss**, die Flüs|se
flüs|sig, flüs|si|ger, am flüs|sigs|ten
fort
fra|gen, sie fragt, sie frag|te
die **Frau**, die Frau|en
frei, frei|er, am freis|ten
der **Frei|tag**, die Frei|ta|ge
fremd, frem|der, am frem|des|ten
die **Freu|de**, die Freu|den
freu|en, du freust dich, du freu|test dich
der **Freund**, die Freun|de
die **Freun|din**, die Freun|din|nen
freund|lich, freund|li|cher, am freund|lichs|ten
der **Frie|den**
fried|lich, fried|li|cher, am fried|lichs|ten
frie|ren, ich frie|re, ich fror
frisch, fri|scher, am fri|sches|ten

froh, fro|her, am frohs|ten
fröh|lich, fröh|li|cher, am fröh|lichs|ten
die **Frucht**, die Früch|te
früh, frü|her, am frühs|ten
der **Früh|ling**
der **Fuchs**, die Füch|se
füh|ren, sie führt, sie führ|te
fül|len, du füllst, du füll|test
der **Fül|ler**, die Fül|ler
fünf
für
der **Fuß**, die Fü|ße
das **Fut|ter**, die Fut|ter
füt|tern, sie füt|tert, sie füt|ter|te

G g

ganz
der **Gar|ten**, die Gär|ten
ge|ben, sie gibt, ihr gebt, sie gab
der **Ge|burts|tag**, die Ge|burts|ta|ge
ge|fal|len, es ge|fällt, es ge|fiel
ge|hen, er geht, er ging
gelb
das **Geld**, die Gel|der
das **Ge|mü|se**
ge|nau, ge|nau|er, am ge|nau|es|ten
ge|nug
das **Ge|schäft**, die Ge|schäf|te
das **Ge|sicht**, die Ge|sich|ter
ges|tern
ge|sund, ge|sün|der, am ge|sün|des|ten
ge|win|nen, du ge|winnst, du ge|wannst
das **Ge|wit|ter**, die Ge|wit|ter
gie|ßen, sie gießt, sie goss
glänz|en, es glänzt, es glänz|te
das **Glas**, die Glä|ser

glatt, glat|ter, am glat|tes|ten
glü|hen, es glüht, es glüh|te
das **Gras**, die Grä|ser
gra|tu|lie|ren, du gra|tu|lierst, du gra|tu|lier|test
grau
groß, grö|ßer, am größ|ten
grün
die **Grup|pe**, die Grup|pen
der **Gruß**, die Grü|ße
grü|ßen, ich grü|ße, ich grüß|te
die **Gur|ke**, die Gur|ken
gut, bes|ser, am bes|ten

H h

das **Haar**, die Haa|re
ha|ben, es hat, ihr habt, es hat|te
der **Hals**, die Häl|se
hal|ten, er hält, ihr hal|tet, er hielt
die **Hand**, die Hän|de
hän|gen, es hängt, es hing
hart, här|ter, am här|tes|ten
der **Hase**, die Ha|sen
das **Haus**, die Häu|ser
die **Haut**, die Häu|te
he|ben, er hebt, er hob
die **He|cke**, die He|cken
das **Heft**, die Hef|te
heiß, hei|ßer, am hei|ßes|ten
hei|ßen, es heißt, es hieß
hei|zen, ihr heizt, ihr heiz|tet
hel|fen, sie hilft, ihr helft, sie half
hell, hel|ler, am hells|ten
das **Hemd**, die Hem|den
her
der **Herbst**
der **Herr**, die Her|ren
her|stel|len, ich stel|le her, ich stell|te her

Wörterverzeichnis

das **Herz**, die Her|zen
heu|te
die **He|xe**, die He|xen
hier
die **Hil|fe**
der **Him|mel**, die Him|mel
hin
hin|ter
das **Hob|by**, die Hob|bys
hoch, hö|her, am höchs|ten
der **Hof**, die Hö|fe
die **Hö|he**, die Hö|hen
hohl, hoh|ler, am hohls|ten
die **Höh|le**, die Höh|len
ho|len, sie holt, sie hol|te
das **Holz**, die Höl|zer
hö|ren, wir hö|ren, wir hör|ten
der **Hort**, die Hor|te
die **Ho|se**, die Ho|sen
der **Hund**, die Hun|de
hun|dert
der **Hun|ger**
hung|rig, hung|ri|ger, am hung|igs|ten
hüp|fen, sie hüpft, sie hüpf|te

I i

ich
der **Igel**, die Igel
ihm
ihn, ih|nen
ihr, ih|re, ih|ren
im
im|mer
in
ins
ist

J j

ja
die **Ja|cke**, die Ja|cken
ja|gen, sie jagt, sie jag|te
der **Jä|ger**, die Jä|ger
die **Jä|ge|rin**, die Jä|ge|rin|nen
das **Jahr**, die Jah|re
der **Ja|nu|ar**
je|de, je|der, je|des
jetzt
der **Ju|li**
jung, jün|ger, am jüngs|ten
der **Jun|ge**, die Jun|gen
der **Ju|ni**

K k

der **Kä|fer**, die Kä|fer
der **Kaf|fee**
der **Kä|fig**, die Kä|fi|ge
das **Kalb**, die Käl|ber
der **Ka|len|der**, die Ka|len|der
kalt, käl|ter, am käl|tes|ten
die **Käl|te**
der **Kamm**, die Käm|me
käm|men, sie kämmt, sie kämm|te
die **Kan|ne**, die Kan|nen
die **Kar|te**, die Kar|ten
die **Kar|tof|fel**, die Kar|tof|feln
die **Kat|ze**, die Kat|zen
kau|fen, du kaufst, du kauf|test
kein, kei|ne, kei|ner
ken|nen, sie kennt, sie kann|te
die **Ket|te**, die Ket|ten
das **Kind**, die Kin|der
das **Ki|no**, die Ki|nos
kip|pen, es kippt, es kipp|te
die **Klas|se**, die Klas|sen
das **Kleid**, die Klei|der
klein, klei|ner, am kleins|ten
klet|tern, sie klet|tert, sie klet|ter|te
klop|fen, es klopft, es klopf|te
der **Kof|fer**, die Kof|fer
kom|men, ich kom|me, ich kam
kön|nen, er kann, ihr könnt, er konn|te
der **Kopf**, die Köp|fe
der **Korb**, die Kör|be
der **Kör|per**, die Kör|per
die **Kraft**, die Kräf|te
kräf|tig, kräf|ti|ger, am kräf|tigs|ten
krank, krän|ker, am kränks|ten
krat|zen, sie kratzt, sie kratz|te
der **Kreis**, die Krei|se
die **Kü|che**, die Kü|chen
der **Ku|chen**, die Ku|chen
kühl, küh|ler, am kühls|ten
kurz, kür|zer, am kür|zes|ten

L l

la|chen, du lachst, du lach|test
die **Lam|pe**, die Lam|pen
lang, län|ger, am längs|ten
lang|sam, lang|sa|mer, am lang|sams|ten
las|sen, er lässt, ihr lasst, er ließ
lau|fen, sie läuft, ihr lauft, sie lief
laut, lau|ter, am lau|tes|ten
le|ben, es lebt, es leb|te
le|cken, ihr leckt, ihr leck|tet
leer
le|gen, ihr legt, ihr leg|tet
der **Leh|rer**, die Leh|rer
die **Leh|re|rin**, die Leh|re|rin|nen
leicht, leich|ter, am leich|tes|ten
lei|se, lei|ser, am lei|ses|ten
ler|nen, du lernst, du lern|test
le|sen, er liest, ihr lest, er las
letz|te, letz|ter
leuch|ten, es leuch|tet, es leuch|te|te

147

Wörterverzeichnis

die **Leu|te**
das **Licht**, die Lich|ter
lieb, lie|ber, am liebs|ten
lie|ben, ich lie|be, ich lieb|te
das **Lied**, die Lie|der
lie|gen, sie liegt, sie lag
links
das **Loch**, die Lö|cher
der **Löf|fel**, die Löf|fel
lö|sen, ich lö|se, ich lös|te
lus|tig, lus|ti|ger, am lus|tigs|ten

M m

ma|chen, du machst, du mach|test
das **Mäd|chen**, die Mäd|chen
der **Mag|net**, die Mag|ne|te
der **Mai**
ma|len, er malt, er mal|te
man
man|che, man|cher, man|ches
manch|mal
der **Mann**, die Män|ner
der **Markt**, die Märk|te
der **März**
die **Ma|schi|ne**, die Ma|schi|nen
die **Maus**, die Mäu|se
das **Me|di|um**, die Me|di|en
das **Meer**, die Mee|re
das **Mehl**, die Meh|le
mehr
mein, mei|ne, mei|ner
meist, meis|ten, meis|tens
die **Men|ge**, die Men|gen
der **Mensch**, die Men|schen
mes|sen, ich mes|se, er misst, ich maß
das **Mes|ser**, die Mes|ser
mich
die **Mie|te**, die Mie|ten
die **Milch**
die **Mi|nu|te**, die Mi|nu|ten

mir
mit
die **Mit|te**
der **Mitt|woch**, die Mitt|wo|che
möch|ten, ich möch|te, ich moch|te
der **Mo|nat**, die Mo|na|te
der **Mon|tag**, die Mon|ta|ge
das **Moos**, die Moo|se
mor|gen
der **Müll**
der **Mund**, die Mün|der
die **Mu|schel**, die Mu|scheln
müs|sen, ich muss, ihr müsst, ich muss|te
die **Mut|ter**, die Müt|ter
die **Müt|ze**, die Müt|zen

N n

nach
nächs|te
die **Nacht**, die Näch|te
nä|hen, ich nä|he, ich näh|te
der **Na|me**, die Na|men
die **Na|se**, die Na|sen
nass, nas|ser, am nas|ses|ten
der **Ne|bel**, die Ne|bel
ne|ben
neh|men, sie nimmt, ihr nehmt, sie nahm
nein
nen|nen, ich nen|ne, ich nann|te
neu
neun
nicht
nichts
nie
nie|mand
noch
der **No|vem|ber**
nun

nur
die **Nuss**, die Nüs|se

O o

ob
oben
das **Obst**
oder
of|fen
öff|nen, du öff|nest, du öff|ne|test
oft
oh|ne
das **Ohr**, die Oh|ren
der **Ok|to|ber**
die **Oma**, die Omas
der **On|kel**, die On|kel
der **Opa**, die Opas
or|ga|ni|sie|ren, ich or|ga|ni|sie|re, ich or|ga|ni|sier|te
der **Ort**, die Or|te
das **Os|tern**

P p

paar
das **Paar**, die Paa|re
das **Päck|chen**, die Päck|chen
pa|cken, er packt, er pack|te
das **Pa|ket**, die Pa|ke|te
das **Pa|pier**, die Pa|pie|re
pas|sen, es passt, es pass|te
die **Pau|se**, die Pau|sen
das **Pferd**, die Pfer|de
die **Pflan|ze**, die Pflan|zen
pflan|zen, ihr pflanzt, ihr pflanz|tet
pfle|gen, sie pflegt, sie pfleg|te
pflü|cken, du pflückst, du pflück|test
die **Pfüt|ze**, die Pfüt|zen
der **Pilz**, die Pil|ze
der **Plan**, die Plä|ne

Wörterverzeichnis

plan|en, ich pla|ne,
ich plan|te
der **Platz**, die Plät|ze
der **Punkt**, die Punk|te
pünkt|lich, pünkt|li|cher,
am pünkt|lichs|ten
die **Pup|pe**, die Pup|pen
put|zen, ich put|ze,
ich putz|te
die **Py|ra|mi|de**,
die Py|ra|mi|den

Q q

das **Qua|drat**, die Qua|dra|te
qua|ken, es quakt,
es quak|te
der **Quark**
die **Quel|le**, die Quel|len
quer

R r

das **Rad**, die Rä|der
das **Ra|dio**, die Ra|dios
der **Rah|men**, die Rah|men
ra|ten, ich ra|te, er rät,
ich riet
das **Rät|sel**, die Rät|sel
der **Raum**, die Räu|me
die **Rau|pe**, die Rau|pen
rech|nen, ich rech|ne,
ich rech|ne|te
rechts
re|den, er re|det, er re|de|te
der **Re|gen**
reg|nen, es reg|net,
es reg|ne|te
das **Reh**, die Re|he
reich, rei|cher,
am reichs|ten
die **Rei|he**, die Rei|hen
die **Rei|se**, die Rei|sen
rei|sen, sie reist, sie reis|te
rei|ßen, es reißt, es riss
ren|nen, er rennt, er rann|te

re|pa|rie|ren, ich
re|pa|rie|re, ich re|pa|rier|te
rich|tig
rie|chen, es riecht, es roch
der **Ring**, die Rin|ge
der **Rock**, die Rö|cke
rol|len, es rollt, es roll|te
der **Rol|ler**, die Rol|ler
rot
der **Rü|cken**, die Rü|cken
ru|fen, er ruft, er rief
rund, run|der,
am run|des|ten

S s

die **Sa|che**, die Sa|chen
der **Saft**, die Säf|te
sa|gen, er sagt, er sag|te
das **Salz**, die Sal|ze
sam|meln, ich samm|le,
ich sam|mel|te
die **Samm|lung**,
die Samm|lun|gen
der **Sams|tag**, die Sams|ta|ge
der **Sand**, die San|de
san|dig, san|di|ger,
am san|digs|ten
satt, sat|ter, am sat|tes|ten
der **Satz**, die Sät|ze
sau|ber, sau|be|rer,
am sau|bers|ten
schaf|fen, er schafft,
er schaff|te
schal|ten, sie schal|tet,
sie schal|te|te
der **Schal|ter**, die Schal|ter
der **Schat|ten**, die Schat|ten
schau|en, du schaust,
du schau|test
schei|nen, es scheint,
es schien
schen|ken, ich schen|ke,
ich schenk|te
die **Sche|re**, die Sche|ren

schi|cken, ihr schickt,
ihr schick|tet
schie|ben, ich schie|be,
ich schob
das **Schiff**, die Schif|fe
das **Schild**, die Schil|der
schimp|fen, ich schimp|fe,
ich schimpf|te
schla|fen, sie schläft,
ihr schlaft, sie schlief
schla|gen, er schlägt,
ihr schlagt, er schlug
schlecht, schlech|ter,
am schlech|tes|ten
schlie|ßen, es schließt,
es schloss
schlimm, schlim|mer,
am schlimms|ten
der **Schlit|ten**, die Schlit|ten
schme|cken, es schmeckt,
es schmeck|te
schmü|cken, du schmückst,
du schmück|test
der **Schmutz**
schmut|zig, schmut|zi|ger,
am schmut|zigs|ten
der **Schnee**
schnei|den, es schnei|det,
es schnitt
schnell, schnel|ler,
am schnells|ten
schon
schön, schö|ner,
am schöns|ten
der **Schrank**, die Schrän|ke
schrei|ben, sie schreibt,
sie schrieb
schrei|en, er schreit,
er schrie
der **Schuh**, die Schu|he
die **Schu|le**, die Schu|len
der **Schü|ler**, die Schü|ler
die **Schü|le|rin**,
die Schü|le|rin|nen

Wörterverzeichnis

die **Schüs|sel**, die Schüs|seln
schüt|teln, er schüt|telt,
er schüt|tel|te
der **Schutz**
schüt|zen, ihr schützt,
ihr schütz|tet
der **Schwanz**, die Schwän|ze
schwarz
schwer, schwe|rer,
am schwers|ten
die **Schwes|ter**,
die Schwes|tern
schwie|rig, schwie|ri|ger,
am schwie|rigs|ten
schwim|men, es schwimmt,
es schwamm
sechs
der **See**, die Seen
se|hen, er sieht, ihr seht,
er sah
sehr
die **Sei|fe**, die Sei|fen
das **Seil**, die Sei|le
sein, sei|ne, sei|ner
seit
die **Sei|te**, die Sei|ten
die **Se|kun|de**, die Se|kun|den
selbst
sen|den, er sen|det,
er sen|de|te
der **Sep|tem|ber**
set|zen, ich set|ze,
ich setz|te
sich
sie
sie|ben
sind
sin|gen, er singt, er sang
sit|zen, sie sitzt, sie saß
so
der **Sohn**, die Söh|ne
sol|len, ich soll, ich soll|te
der **Som|mer**
die **Son|ne**, die Son|nen

der **Sonn|tag**, die Sonn|ta|ge
die **Spa|ghet|ti**, die Spa|ghet|ti
spa|ren, du sparst,
du spar|test
der **Spaß**, die Spä|ße
spät, spä|ter,
am spä|tes|ten
spa|zie|ren, ich spa|zie|re,
ich spa|zier|te
der **Spa|zier|gang**,
die Spa|zier|gän|ge
sper|ren, sie sperrt,
sie sperr|te
das **Spiel**, die Spie|le
spie|len, er spielt, er spiel|te
spitz, spit|zer,
am spit|zes|ten
die **Spit|ze**, die Spit|zen
der **Sport**
spre|chen, ich spre|che,
du sprichst, ich sprach
sprin|gen, du springst,
du sprangst
sprit|zen, er spritzt,
er spritz|te
der **Stab**, die Stä|be
die **Stadt**, die Städ|te
der **Stamm**, die Stäm|me
die **Stan|ge**, die Stan|gen
stark, stär|ker,
am stärks|ten
stau|nen, sie staunt,
sie staun|te
ste|cken, es steckt,
es steck|te
steh|en, sie steht, sie stand
der **Stein**, die Stei|ne
stel|len, ihr stellt,
ihr stell|tet
der **Stern**, die Ster|ne
der **Stiel**, die Stie|le
der **Stift**, die Stif|te
still, stil|ler, am stills|ten
der **Stock**, die Stö|cke

sto|ßen, ich sto|ße, er stößt,
ich stieß
die **Stra|ße**, die Stra|ßen
der **Strauch**, die Sträu|cher
das **Stück**, die Stü|cke
der **Stuhl**, die Stüh|le
die **Stun|de**, die Stun|den
su|chen, ich su|che,
ich such|te
die **Sup|pe**, die Sup|pen

T t

die **Ta|fel**, die Ta|feln
der **Tag**, die Ta|ge
die **Tan|ne**, die Tan|nen
die **Tan|te**, die Tan|ten
tan|zen, ihr tanzt,
ihr tanz|tet
die **Ta|sche**, die Ta|schen
die **Tas|se**, die Tas|sen
der **Tee**
das **Te|le|fon**, die Te|le|fo|ne
der **Tel|ler**, die Tel|ler
teu|er, teu|rer, am teu|ers|ten
der **Text**, die Tex|te
das **The|a|ter**, die The|a|ter
tief, tie|fer, am tiefs|ten
das **Tier**, die Tie|re
der **Tisch**, die Ti|sche
die **Toch|ter**, die Töch|ter
tra|gen, er trägt, ihr tragt,
er trug
tref|fen, sie trifft, ihr trefft,
sie traf
treu, treu|er, am treu|es|ten
trin|ken, du trinkst,
du trankst
tro|cken, tro|cke|ner,
am tro|ckens|ten
die **Trom|mel**, die Trom|meln
das **Tuch**, die Tü|cher
die **Tür**, die Tü|ren
tur|nen, ich tur|ne, ich turn|te
die **Tü|te**, die Tü|ten

Wörterverzeichnis

U u
üben, ihr übt, ihr üb|tet
über
die Übung, die Übun|gen
die Uhr, die Uh|ren
um
und
uns, un|se|re, un|ser
un|ten
un|ter

V v
die Va|se, die Va|sen
der Va|ter, die Vä|ter
ver|ges|sen, du ver|gisst,
du ver|ga|ßest
der Ver|kehr
ver|lie|ren, ich ver|lie|re,
ich ver|lor
ver|pa|cken, sie ver|packt,
sie ver|pack|te
ver|ra|ten, ich ver|ra|te,
er ver|rät, ich ver|riet
ver|schmut|zen,
er ver|schmutzt,
er ver|schmutz|te
ver|su|chen, du ver|suchst,
du ver|such|test
viel, mehr, am meis|ten
vier
der Vo|gel, die Vö|gel
voll, vol|ler, am volls|ten
vom
von
vor

W w
die Wahl, die Wah|len
wäh|len, du wählst,
du wähl|test
wahr
die Wahr|heit,
die Wahr|hei|ten
der Wald, die Wäl|der

die Wand, die Wän|de
wann
warm, wär|mer,
am wärms|ten
die Wär|me
war|ten, sie war|tet,
sie war|te|te
wa|rum
was
wa|schen, er wäscht,
er wusch
das Was|ser
we|cken, du weckst,
du weck|test
der Weg, die We|ge
we|hen, es weht, es weh|te
weich, wei|cher,
am weichs|ten
das Weih|nach|ten
weil
weiß
weit, wei|ter, am wei|tes|ten
wel|che, wel|cher
wem
wen
we|nig, we|ni|ger,
am we|nigs|ten
wenn
wer
wer|den, es wird, es wur|de
wer|fen, sie wirft, ihr werft,
sie warf
das Wet|ter
wie
wie|der
die Wie|se, die Wie|sen
wild, wil|der, am wil|des|ten
der Wind, die Win|de
der Win|ter
wir
wis|sen, du weißt, ihr wisst,
du wuss|test
wo
die Wo|che, die Wo|chen

woh|nen, ihr wohnt,
ihr wohn|tet
die Woh|nung, die Woh|nu|ngen
die Wol|ke, die Wol|ken
wol|len, ich will, ihr wollt,
ich woll|te
das Wort, die Wör|ter
wün|schen, er wünscht,
er wünsch|te
die Wur|zel, die Wurz|eln

X x
das Xy|lo|phon, die Xy|lo|pho|ne

Y y
das Yp|si|lon, die Yp|si|lons

Z z
die Zahl, die Zah|len
zäh|len, sie zählt, sie zähl|te
der Zahn, die Zäh|ne
die Ze|he, die Ze|hen
zehn
zeich|nen, ich zeich|ne,
ich zeich|ne|te
zei|gen, es zeigt, es zeig|te
die Zeit, die Zei|ten
die Zei|tung, die Zei|tun|gen
zie|hen, es zieht, es zog
das Ziel, die Zie|le
das Zim|mer, die Zim|mer
der Zoo, die Zoos
zu
der Zu|cker
zu|erst
der Zug, die Zü|ge
zu|letzt
zum
zur
zu|rück
zu|sam|men
zwei
die Zwie|bel, die Zwie|beln
zwölf

Textquellenverzeichnis

S. 11: Labbe, Micha: Oh, vierzehn Fehler auf einer Seite … (Schulwitze). Lizenzgeber: Labbe Bergheim. http://www.labbe.de/zzzebra/index.asp?themaid-621&titelid-2414. (Stand vom 7.10.2013). **S. 13:** Rodrian, Fred: Vom Zaubern (Auszug). Aus: Ein Pferd schwebt durch den Himmel. Der Kinderbuchverlag Berlin, Berlin 1989. **S. 22:** Jandl, Ernst: fünfter sein. Aus: Jandl, Ernst: Poetische Werke. Band 4. Luchterhand, München 1997. **S. 29:** Mit den Händen sehen. Lieder raten. Stille Post. Aus: Petillon, Hanns: 1000 Spiele für die Grundschule. Beltz Verlag, Weinheim und Basel 2007. **S. 39:** Ruika-Franz, Viktoria: Manchmal vergisst er ein Heft. (Befreundet sein.) Aus: Ruika-Franz, Viktoria: Ich bin Kolumbus. Der Kinderbuchverlag Berlin, Berlin 1983. **S. 51:** Wölfel, Ursula: Am Morgen. Aus: Coldewey/ Baumgärtner (Hrsg.): Frühmorgens bis Silvester. Gedichte für Kinder. Ferdinand Kamp GmbH, 1993. **S. 52:** Bräunling, Elke: Märchen-Traumgedicht. © Elke Bräunling. http://elkeskindergeschichten.blog.de/2008/08/10/maerchen-traumgedicht-9437487/ (Stand vom 07.10.2013). **S. 66:** Busch, Wilhelm: Sie war ein Blümlein. Aus: Nöldeke, Otto (Hrsg.): Busch, Wilhelm: Sämtliche Werke. Band 6. München 1943. **S. 70:** Wiegelmann, Kathrin: Originalbeitrag. **S. 91:** Rechlin, Eva: Der Frieden. http://www.vskrems-lerchenfeld.ac.at/arbeitsmaterialien/gedichte/gedicht_frieden.pdf. (Quelle nicht mehr abrufbar). **S. 96:** Ehrhardt, Monika: Wasser braucht der Wasserfloh (Liedtext). Aus: Reinhard Lakomy, Reinhard/ Ehrhardt, Monika: Schlapps und Schlumbo. Geschichtenlieder. Ost-Berlin 1986. **S. 103:** Wiegelmann, Kathrin: Originalbeitrag. **S. 112:** Frohs, Franziska: Originalbeitrag. **S. 120:** Äsop: Die Fledermaus. http://gutenberg.spiegel.de/buch/1928/27 (Stand vom 7.10.2013). **S. 126:** Kleikamp, Lore: Jahreszeitenlied. Aus: LiedSpielBuch Elefantis Liederwiese. T.: Kleikamp, Lore M.: Jöcker, Detlef. © Menschenkinder Verlag, Münster 1989. **S. 128:** Hat ein Häuschen hart wie Stein … (Drei Herbsträtsel). Aus: Arndt, Marga; Singer, Waltraud: Fingerspiele und Rätsel. Volk und Wissen, Berlin 1989. **S. 131:** Schwarz, Regina: Wo man Geschenke verstecken kann. Aus: Gelberg, H.-J. (Hrsg): Großer Ozean. Gedichte für alle. Beltz & Gelberg, Weinheim Basel 2006. **S. 133:** Fandrey, Dörte: Originalbeitrag. **S. 135:** Halbey, Hans A.: Urlaubsfahrt. Aus: Halbey, Hans A./Leonhard, Leo: Es wollt ein Tänzer auf dem Seil den Seiltanz tanzen eine Weil. Sauerländer, Frankfurt am Main 1977. **S. 135:** Fandrey, Dörte: Originalbeitrag.

Bildquellenverzeichnis

7.1 Klett-Archiv (Schülerarbeit), Stuttgart; **16.1** Gerdt von Bassewitz, Peterchens Mondfahrt (c) 2007 Bassermann in der Verlagsgruppe Random House, München; **23.1** Fotolia.com (pressmaster), New York; **35.1** Klett-Archiv, Stuttgart; **38.1** Fotolia.com (Ilike), New York; **38.2** Fotolia.com (Dan Race), New York; **38.3** Thinkstock (Fuse), München; **38.4** Avenue Images GmbH (Corbis RF), Hamburg; **38.5** Ullstein Bild GmbH (CHROMORANGE/Matthias Stolt), Berlin; **38.6** Fotolia.com (Alena Stalmashonak), New York; **43.1** Cover: Peter Pan, nacherzählt von Sabine Rahn, mit Illustrationen von Andrea Offermann(c) 2012 Ellermann Verlag im Verlag Friedrich Oetinger, Hamburg; **53.1** Thinkstock (Hermera), München; **67.1** Okapia (NAS/Pat & Tom Leeson), Frankfurt; **67.2** Fotolia.com (pawlasty), New York; **67.3** Fotosearch Stock Photography (LByst), Waukesha, WI; **67.4** Fotolia.com (fjparent), New York; **67.5** Fotolia.com (seeyou/c. steps), New York; **67.6** Fotolia.com (gaelj), New York; **72.1** Thinkstock (istockphoto), München; **75.1** Fotolia.com (ReSeandra), New York; **75.2** DK Naturforscher – Steine und Fossilien (c) Dorling Kindersley, 2006; **77.1** Thinkstock (istockphoto), München; **82.1** Hannelore Börstler: Karolino, das karierte Zebra (C) Verlag DeBehr, Radeberg 2011; **82.2** Tulipan Verlag GmbH, Berlin; **82.3** Kathryn Cave/Chris Riddell: Irgendwie Anders. Aus dem Englischen von Salah Naoura (c) Verlag Friedrich Oetinger, Hamburg 1994; **91.1** Pablo Picasso, Die Friedenstaube (c) Succession Picasso/VG Bild-Kunst, Bonn 2013. Foto: Artothek/Peter Willi; **96.1** Fotolia.com (Ioflo), New York; **96.2** Fotolia.com (Miredi), New York; **96.3** Corbis (Andrew Aitchison/In Pictures), Düsseldorf; **96.4; 96.8** Thinkstock (istockphoto), München; **96.5** Fotolia.com (www.Finanzfoto.de), New York; **96.6** shutterstock (Sonya Etchison), New York, NY; **96.7** Fotolia.com (Abdelhamid Kalai), New York; **101.1** Fotolia.com (guukaa), New York; **108.1** Fotolia.com (Hunta), New York; **114.3** Klett-Archiv, Stuttgart; **117.1** Hilke Rosenboom, Ein Pferd namens Milchmann. Illustrationen von Anke Kuhl (c) Carlsen Verlag GmbH, Hamburg 2007; **124.1** Aus: Manfred Mai: Das Zornickel (c) by Ravensburger Buchverlag Otto Maier GmbH, Ravensburg; **125.1** WAS IST WAS – Wissensschatz von A–Z Cowboys (c) Tessloff Verlag, Nürnberg 2009; **127.1** Thinkstock (istockphoto), München; **129.1** Wikimedia Deutschland, Berlin; **133.1** Jump (c) Rebecca Kinkead. Licensed by Wild Apple

Sollte es in einem Einzelfall nicht gelungen sein, den korrekten Rechteinhaber ausfindig zu machen, so werden berechtigte Ansprüche selbstverständlich im Rahmen der üblichen Regelungen abgegolten.